Tao・Rhythm

タオ・リズム

福田純子 *Fukuda Junko*
内海昭徳 *Utsumi Akinori*

ヒカルランド

はじめに

〝イズム〟から〝リズム〟へ。

固定、分断、衝突を生む、〝ism〟の時代から、共振、共鳴、共奏を楽しむ、〝rhythm〟の時代へ。

今、時代は大きく変わりつつあります。古い価値観、古い世界観が音を立てて崩《くず》れていく中で、これまでの時代に支配的だった「〜イズム」というものに変わる、新たな価値観が求められ、一人ひとりも、新たな生き方、新たな世界観が求められてきます。

考え方を固定させ、分断や衝突を生み出してきた今までの時代を〝ism〟の時代とするならば、これからは、軽やかに共振、共鳴し、出逢《であ》いによって共奏を楽しむ、〝rhythm〟の時代への転換が必要になってくるでしょう。

そして、そのリズムはしっかりと、誰にとっても普遍的な調和をもたらす、Taoの働きに基づいています。

Taoとは「道」。宇宙の根源からリズミカルに宇宙全ての律動を司《つかさど》る、「真理の響き」

のことを指します。

東洋思想の最高峰と言われる老子のＴａｏの世界観の中では、「道」とは単に静かで固定したものではなく、リズミカルに奏でられる、「動きそのもの」を指し示しています。

そのキーワードとなるものは、「門（ゲート）」という一文字。

自由自在に門を往来するように、こちらからあちらへ、あちらからこちらへと、反転する動きを楽しむ心そのものが、Ｔａｏの真髄。

宇宙全てがそのようなＴａｏのはたらきによっていつも振動し、響き合っているならば、その宇宙の中で生きる私たち人間の人生も、同じように、リズミカルに振動し、響き合えるはず。

そのような生き方を案内するための智慧《ちえ》が、自分の人生という「道のリズム」を知り、それを自在に奏で、運命を好転させるためのメソッド、「運命好転学」です。

それはＴａｏのリズムが宇宙にどのように響いているかの規則性を読み解いた中国の「易経」を、新たな視点で斬新に組み直したもの。

私たちはそれに、「新易学」という名称をつけました。

むずかしい理論や漢字よりは、カラフルなイメージやたとえによって、易のエッセンスを個々人が活用できるようにと、新たに体系化したものです。

では、新易学の理論に基づいた「運命好転学」という道具は、何に役立てられるのか？

それはまさしく、一人ひとりが自分の意志で自分の運命を好転させ、その人のオンリーワンの人生という素晴らしい道を、リズミカルに歩むためのもの。

そのためには、易が解き明かしたような宇宙の原理、エネルギーの仕組みを、自分のものにする必要があります。

そのための学びには少しの時間はかかりますが、一度手にしてしまえば、それは一生涯、人生のどんな局面でも自分の人生地図を軽やかに進み、目的地に向かうための、とっても頼れるガイドになります。

そうして奏でられる、人生の道の、歩みのリズム。

それぞれの〝Tao・Rhythm〟は、その人が実は、この宇宙空間に生まれる前に、自分で決めてきた設計図であり、楽譜のようなものです。

でも、生まれてしまったあとは、その設計図も楽譜のリズムも、忘れてしまっています。

だから、地図を持たずに旅行をするように、目隠しをしながら楽譜もなしで曲を奏でるように、人生に様々な困難を引き起こしてしまったりします。

でも私たち日本人は面白いことに、生き方を通して、そして自分が探求する「道」を通して、自分が奏でる自分の宇宙のリズムを、深く本質的な真理の世界にまで昇華させようとしてきました。

それはこれまで、茶道、華道、香道、武士道など、歴史の中で多彩に生み出されてきたものです。

しかし今からは、そういった文化伝統的な道も含めて、その人が本当の自分の天命を、宿命を、運命を生き切ることで、誰もが自分の「人生道」というオンリーワンの道を歩み、Ｔａｏそのもの、真理そのものにまで至る生き方をする時代です。

そのために、隠された宇宙の仕組み、忘れてしまった人生の設計図を、その手に取り戻しましょう。

自らの意志で自分の運命を好転させ、どんな状況でも巧みに反転させせながら操縦する〝Tao・Ryhthm〟の生き方は、この不安定で不確実な時代を楽しく軽やかに生き切るための、最高の智慧です。

そうしてそれぞれが生き切る自分の人生の道の歩みには必ず、笑顔溢《あふ》れる日々と、笑顔と充足感に満ちた人生の最終到達地点が待っていると思います。

全ての道は、笑顔に通ず。

そんな素敵な生き方を一人でも多くの方と共奏したい心から、〝Tao・Rhythm〟は生み出されました。

この楽しい智慧と生き方をお互いに響き合わせながら、この地球上に素晴らしい新たな世界を開いていけることを、心から楽しみにしています。

カバーデザイン　櫻井浩（⑥Design）

タオ・リズム◉目次

第1章　タオ・リズム誕生に至るまで

第2章 タオイズムの世界観について

第3章
タオイズム(Taoism)から
タオ・リズム(Tao・Rhythm)へ

別章 もっとよく知る「運命好転学」資料

校正　麦秋アートセンター
本文仮名書体　文麗仮名（キャップス）

第1章　タオ・リズム誕生に至るまで

タオ・リズムを育んできたキャラクター

内海　福田さん、このたびはどうぞよろしくお願いいたします。

福田　こちらこそ、よろしくお願いいたします。こんな形で内海さんとの共著ができるのは嬉しいですね。

内海　こちらこそです。初めてご縁をいただいたのが2010年頃だったかと思いますから、足掛け12年。巡り巡って、人の縁は不思議なものですね。

お互いに探求してきたこと、実践してきたことに重なり合う要素がたくさんあるので、今日はとても楽しみにしています。

福田　そうですね。ところが私と内海さんと、キャラは180度くらい違うと思うんですよ。だからこそ楽しい対談になると思いますね。

私はどこまで行ってもどこか間の抜けた「純子節」になってしまうから、内海さんの明晰な頭と表現で、上手に補っていただければと思うんです。

内海　それは恐縮ですが、福田さんが言われる「間の抜け具合」は、僕からしたら神業みたいなところがありますけどね。

特に、言葉の扱い方の感度が本当にお見事で。

軽妙洒脱というか、なんというか。そこでそんなオチになるのかあ、とか、そんな深い世界をこんな軽やかなたとえで表現できてしまうのか、とか。

しかもそれが、思考した結果じゃなくて、瞬間的に、自然にふっと出てきますよね。

私もそれなりにいろんな人に会ってきましたが、福田さんのキャラは独特、というか別格で、誰も真似できないと思います。


福田　誰も真似しようとも思わないと思いますけどね（笑）。

ただ私は子供の頃から、人の意識が大きく開いて新しい時代になっていく、そのための里道知らせとして生きていくんだ、ということを感じていました。

それで自分なりにできる伝え方をしている間にこんなふうになってしまって（笑）気がつけば69歳になりました。

１００年人生時代といえど、自分が果たすべきことをしっかりといつまで残せるのかはわかりませんからね。

その意味でも、親子ほど年の離れた内海さんとの今回の対談から、何かこれからの世の中のお役に立てるものを新しく形にしていきたいなと、そう思ってるんですよ。

内海　ありがとうございます。私からすれば、福田さんはもう本当に、先駆者なんですよ。

ある意味で大先輩と言っても良い。

今でこそね、例えば瞑想とか悟りとか、縄文の精神とか言っても、世の中にだいぶ受け入れやすくなってきてると思うんです。

でも福田さんが、個の次元の意識を超えた「意識集団」を広げないとと思って大きな文化活動を始められてから、もう35年ですよね。

ここ数年は日本でもティール組織のことなどが浸透して、いわゆるピラミッド型、上下という序列構造ではない、自律分散的な生命組織のモデル、などが一般化してきています。

そして、そのための意識変容のあり方とは？　という議論がビジネス界でも広まっていて。

それで私も、企業に悟りの智慧が実装されるのが常識になったらいいなと思って、本を書いたり、企業研修をしたりオンライン講座をしてるんですが。

まずは福田さんに、これまでどんな思いで何をされてきたのか、その核となるところを改めて伺ってみたいなと思います。

それとあわせて、私が考えてきたこと、取り組んできたこともお話しさせていただきながら、それが重なり合ってクロスするところをまず、しっかりピンどめしておきたいなと。

福田　そうですね、そこからまた、私たちが「タオ・リズム」という言葉を生み出した意味合いとか、それを人生にどうお役立ていただけるかとか、そんな話に広げていけたら良いですね。

内海　はい。ぜひ、そんな感じで、いつも通りの「純子節」でお願いいたします。

頑張って拾えるところは拾いますが、あまり変化球すぎたらスルーするかもしれません。

福田　じゃあスルーされないように、する〜っと腑に落ちるようなお話が良いですね。

内海　早速ですね（笑）。

逆に私の方からご質問した方が良い気もしますので、私の福田さんへの印象も含めてになりますが、いくつか伺ってよろしいですか？

福田　はい、どうぞどうぞ。そういたしましょう。

福田純子は人生をリズムで観る生き証人（笑人）

内海　人の一生って面白いもので、人生の節目っていうものが、誰にもあると思うんですね。

あとで、「運命好転学」のお話もしたいので、その真髄にもつながるものだと思うんですが。

山あり谷あり、思いがけない出会いがあったり、思いがけない出来事があったり。福田さんの人生ストーリーも、お話を聞きだすとネタの宝庫みたいに尽きることがないですが、この前ふと思いついて、年齢で考えてメモしてみたんです。

福田 年齢というと？

内海 私が福田さんとの交流の中で感じた、福田さんの人生の節目みたいなものですね。5歳、19歳、21歳、27歳、32歳、あと55歳と、66歳、かな。

人生を一つの映画のように眺めてみたときの、映画のハイライトみたいなものかもしれません。

福田 ああ、なるほどそうですね。**自分の人生を全部年表のようにして、自分を離れた次元に視点を置いて、全体の「リズム」を捉えてみる。**

「運命好転学」のエッセンスの一つで、そういうワークシートもありますからね。

こうして改めて内海さんからポンポンと自分の節目の年を聞くと、また新鮮ですね。

内海 はい。もちろんその他にも、いろんな出来事があったとは思いますが、私が伺っているところからすると、こんな感じかなと。

福田 長く生きていますからねえ（笑）。人生を「リズム」で観る生き証人ですね。ついでに言うなら、そんな自分の人生を、良かった良かったと、笑って眺める生き「笑人」。

内海　うーん、そのうち福田聖人《しょうにん》にでもなられるんじゃないですか。ところでいかがですか。福田さんの人生のリズム、人生の「節目」。

福田　ええ～そうですねえ。

福岡県田川の炭鉱の町生まれで、5歳のときには「私は天寿国の里道知らせとして生まれたの」と人に言ってましたからねえ。今でも「全ては一つの宇宙意識をこの地上に具現化する」との理念になって1ミリも変わることはありません。

内海　親御さんや周りの人からしたらびっくりでしょうね。この子どうしちゃったんだろうと。よっぽど直感的というか、今でいうスピリチュアル的というか。

私は今、小さい子供が三人いますが、ある日突然そんなこと言いだしたら、不思議な子だなあと思うでしょうから。

福田　そうなんです。でもみんなきっと、温かく受け止めてくれてたんだと思いますよ。

誰から言われたわけでもなく、自分の中からふっと生まれてきたコトバだったんですよね。

内海　「天寿国」なんて、大人でも使わないですもんね。

福田　そうですねえ。でも、これはそれこそ大人になって、あちこち頭をぶつけたりつまずいたりしながらの人生を重ねて、易を学び、運命好転学をお伝えするようになったからこそはっきりわかることですけれどね。

自分で決めてきた人生設計図なんですよね。

5歳のときの私の場合はそういう表現になっただけで、コトバにしたり意識化したりしてるか、してないかの違いはありますが、人間誰しも、実はそうなのですよ。

ただ、オギャアと生まれたあとはその設計図、映画のストーリーでもいいですが、覚えてないんですね。

だって、自分で作った映画でも、せっかく観るなら、一度まっさらに全部忘れて、ネタバレなしの状態で、ハラハラドキドキ、涙したり笑ったりしながら楽しみたいこともあるでしょう。

内海　それはそうですよね。でも最近の若い世代は、映画観に行く前に、ストーリーとかをネットで事前にかなり調べて、面白そうかどうか判断してから決めたりするそうですよ。もちろん、どこまでホントか、どれくらいの人がそうなのかわかりませんが。

福田　そうですか。それは面白いですねえ。

内海　それってでも、考えてみたら、私たちが伝えたいことと重なるかもしれないですね。

捉え方によっては、いかにも現代情報社会的ではあると思うんですよ。

検索して、事前に調べて、価値を判断して。面白そうなら行く、そうでないなら行かない。無駄なことはしない。未知のものには飛び込まない。合理的と言えば合理的。

でも、そうではない視点でも見られますよね。

福田　映画の予告を観ることと映画を実際に観ることは全然違いますからね。予告情報をある程度詳しく知って、物語の起承転結まで検索しても、やっぱり、実際に劇場に足を運べば、予告や検索のナナメ上を行って楽しめることは十分すぎるくらいにあるでしょうから。

人生をどう生きるか、ということも、確かに似たところがありますね。

逆に言えば、なんの事前情報もなしに、タイトルもわからない映画をポンと観に行っても、逆にもったいないことってありますものね。

内海　そうそう、登場人物とか、歴史背景とか、制作背景とか。SFだったら、科学的な知識だったりとか。

私は、「インターステラー」とか「マトリックス」とか「君の名は。」といった映画をどう深読み解釈するか、っていうお話会をしたりしてましたが、それで言うと、「インターステラー」だったら相対性理論を知ってた方が面白いし、「マトリックス」ならモチーフになってるキリスト教とかITリテラシーがあった方が面白い。

「君の名は。」なら、神道的世界観とか平行宇宙論とか、ある程度そういうことをわかって観た方が、より鮮やかに、能動的な意味づけを持って物語を楽しめる。それは間違いないと思いますね。

福田　そう思うと、映画の情報を調べてから観る、っていう世代は、意識が進化してるのかもしれないですね。

おっしゃる通り、それをそのまま人生に置き換えてみたらね。**自分の人生というのは宇宙を舞台にした一つの作品**ですから。しかもまさしく映画のようなもの。

実体があるように見えて、実はそれは虚像の世界ですから。

でも虚像だからといって空虚なものではなくて、虚であるからこそ、素晴らしく尊くて、また素晴らしく美しくて。虚の中に真が隠れているわけですね。

内海　はい、はい。まさしく。ホントにそうですね。

そのへんの虚実のことは、またあとで少し詳しく触れましょうか。かなり大事なキモのところにもなりますし。

まずはじゃあ、話を戻しますが、5歳のときにそういう、私の言葉で言えばちょうど今、話に出たように、人間の本質、この世界の虚実の真相に意識が開かれる時代に向けての案内人のような役割を、自覚されたということですよね。

福田　そんなたいそうな、自覚という感じでもないのですけどね。

炭鉱の街でススにまみれて遊びながら、ボタ山を富士山のように憧れて眺めては「あのボタ山のように堂々とした心でありたい」と自然とそう思うようになっていきました。物心ついて「あれは燃えカスなんだよ」と言われてショックでしたが、今でも私の幼少期の富士山はボタ山なんですよ。

「ボタ山が富士山に見えるなんてアホみたいね」と言われるかもしれませんが、私は「アホみたい」ではありません。「アホ」なんです。


内海　そのアホの道で半世紀以上をずっと歩まれ続けているのは尊敬しますけども。人の意識に関わるこういう話というのは、扱いにくいところが多々あるじゃないですか。

科学的に全てが実証されてるようなものでもないし、いろんな仮説もあって。物理学とか脳神経科学とか、心理学とか分子生物学とか。いろんな知見を含めて、意識と現象の話っていうのはできるんですけども、そのもう一歩先になると、哲学の領域も超えて、宗教とかスピリチュアルと呼ばれる世界になる。

本当はそのもう一つ奥、信仰の世界の先の、言ってしまえば普遍的な真理の話をしたいわけですけども、じゃあ真理って何だと、いろいろまた議論が広がってしまったりするので。

福田　内海さんはそういう、科学者とか、研究者とか、企業の人たちにどういうふうにストンと受け取ってもらえるかと、そういう視点での表現や発信もいろいろされてますものねえ。

『経営者のための悟りリテラシー講座』（ロンズデーライト）といった本なども、理路整然と書かれていて、ああいう内容が世に広まっていくと、論理的にも納得しながら行けるから、素晴らしいと思います。

一方私は感性と直感とアホ（明るく朗らか）で、自分のお役目を果たそうとしてきただけです。

「笑顔の道具になる」と決めた原体験

内海　ありがとうございます。それぞれのお役目ですよね。その直感のことでいうと、19歳のときの、広隆寺の弥勒菩薩の話が大きいですよね。

日本の国宝第一号、弥勒菩薩の半跏思惟像《はんかしゆいぞう》。福田さんが折に触れて紹介される、ドイツの哲学者ヤスパースの、この言葉とあわせて。

「私は世界中の仏像を見て、これほどまでに完成された笑顔の仏を見たことはない。あの微笑《ほほえ》みになるためには、そうとうの過ちをおかさなければならない」と。

福田　そうですね、私の人生、「笑顔の道具になる」という、人生を貫く中心軸を定めた、その原体験みたいなものですね。初めて出会ったとき弥勒菩薩がたたえる仏の微笑みに、もう時が止まったかのようで。涙が止まらず、気がつけば1時間立ち尽くし「宇宙に咲く一輪の花になる。弥勒様のように微笑みで一遇を照らせる人となる」と覚悟が決まりましたから。

19歳の娘が仏像の前ではらはらと涙を流し続けていたのですから、周りの観光客はこの子なんだろうと怪訝《けげん》に思っていたかもしれませんね、今思えば（笑）。

ジョブズと福田純子の「人生の決定的なドット（点）」

内海　何かのスイッチが福田さんの心の中で、弥勒菩薩とラポール、共感したんでしょうね。それが福田さんの笑顔人生、同時に弥勒菩薩的な意識変容の道を実践する、人生の決定的なドット（点）になったと。まさしく、天命と出会った瞬間なのでしょうね。

私はスティーブ・ジョブズがスタンフォードの卒業式で話した有名なスピーチが好きなのですが、〝Connecting the dots（ドットをつなぐ）〟というものですね。

人生には、節目節目に、大きな変化のきっかけとなる出来事がドットのように現れてくると。

それは、その最中にはその意味が捉えきれなかったり、場合によってはものすごく大変だったり苦しかったり、辛い経験だったりもする。

けれどもあとになって人生を俯瞰してみれば、無関係のように思えたドットとドットがつながり、点が線になる。

そして鮮やかに、自分の人生を彩る意味を帯びてくる。

その線は必ず未来にもつながっていくから、恐れず前を向いて生きてください、と。

そして、有名な〝Stay hungry, Stay foolish〟のメッセージで終わる、伝説と言われるスピーチです。

19歳の弥勒菩薩の笑顔との出会いとそこで流した涙は、福田さんの人生の、第二の決定的なドットだったのかなと。

福田　まさに私の人生を決定づけたドットでしたね。

でもそのおかげでと言いますか、弥勒とか弥勒の笑顔とか、そういうものを人生に背負い込みましたからね、人生が「どっと」大変になりました（笑）。

ちなみにスティーブ・ジョブズのメッセージの〝Stay foolish〟っていうのは、「アホであれ」っていう意味ですか？

内海　「アホであれ」っていう訳をつけた人は見たことないですけどね。直訳すれば「愚か者であれ」でしょうし、〝Stay hungry〟のあとですからね。

常に現状に満足して止まることなく、わかったふうにさかしらにならずに挑戦し続けてほしい、という意味かなと思いますが。

でも、福田さんの人生に当てはめたら、そのままかもしれません。「アホであれ」でもいいんじゃないでしょうか。

福田　じゃあ、「お腹をすかせたアホであれ」ということですね。

内海　それ、全然ジョブズっぽい感じではないですけどね。でもいいと思います。福田さんらしいし。

福田　お腹がすくっていうのは食べ物だけでなく、頭においても知識や哲学なども、空になると追求探究するきっかけになります。それだけ生命のバイタリティーにつながることですからね。いつも元気に健康に、前向きに、いろんな物や事に感謝しながら一つになっていく。

こうした素敵な関係性の中で人さまのお役に立てるように。

そうして、現状に止まることなく意識変容の時代の扉を開いていく。そうありたいですね。

内海　素晴らしいですねえ。実際、そういう人生を歩まれてきてますからね。

“Stay hungry, Stay foolish” って、生き方として、誰もがそうあれるわけではないと思うんですよ。

でも、そうありたいなって思う人は、たぶん、多いんじゃないかと思うんです。

私の関心ごとでいうと、福田さんの運命好転学もそうですし、悟りの智慧でも、あるいはタオイズムでもそうなんですけども、その人その人が、**自分にとっての「善き生」というものを開いていく上での道具**になったらいいなと思っていて。

ジョブズが若い頃に曹洞宗の禅をしていたエピソードもあるんですよね。サンフランシスコに禅センターっていうのがありまして、それは道元からの流れになります。

今でいうマインドフルネスの流れに連なるものですけど、禅とか悟りとか、そういう要素が、彼の人生観とかアップルの製品コンセプトに沁《し》みているというのもよく言われますよね。

「まるでお葬式の声ね」の一言を「反転創発」させる

福田　目に見える人生の流れをより善くするためにも、目に見えない領域の智慧を活かすというのは、やっぱり大切なことだと思うんですね。

私自身も、意識の学びや笑顔の本質を探求して、実践してくる中で、つくづく感じることです。

鑑定を通しても、社会的に大きな立場や仕事をしている方ほど、やはり深く本質を摑《つか》んでらしたりしますね。

大きなお金を動かしたりたくさんの人に影響を及ぼす事業をされている人ほど、自分磨き、自分の魂《たま》磨きということに直面し続けることになるでしょうから。

内海　本当にそうですね。しかも自分を磨き続けるっていうのは、なかなかにしんどいことも多々ありますよね。

福田さんの場合は、そのあと短大を卒業されて、アナウンサーの仕事を始められて。

声が命の放送業界で、なんとベテランアナウンサーから、「まるでお葬式の声ね」と言われてしまったと。

それが21歳のときですよね。

福田　ええ、そうでした。なんだか、私の人生の生き字引のように語っていただいてありがとうございます（笑）。

話すのが仕事なのに、話すときのその声質を、しかも大先輩のベテランアナウンサーからはっきり全否定されたようなものですからショックでしたね。

こんなことで仕事ができるのかと、そもそもこの仕事の選択が根本的に間違ってしまってたのではないかと、真っ黒い壁にいきなりぶつかったような感じですよね。

内海　きつい一言ですよねえ。人によっては、そのままクサクサしてしまって、落ち込んだり、相手を恨んだり、ネガティブになったりなど、まあいろいろあるかと思いますが。もちろん逆に、それをバネに努力していこう、という向きになる人もいるかと思いますけども。

私が素晴らしいなと思うのは、福田さんの場合、そこからものの見事に、人生そのものを「反転」させた、ということです。

これはあとで触れます「タオ・リズム」のエッセンスの一つでもありますが、**出来事そのものの良し悪しに左右されずに、いかに自分で主体的に、自在に「反転」させられるのか。**

これは、同じ次元でそれを頑張って乗り越えよう、というのと少し違うのですよね。

福田　というと？　どんな感じですか。

内海　AをBにしようとするのではなくて、新しくCの世界にひっくり返してしまう、といった感じですね。

例えば、「お葬式の声」と言われたから、「明るい声」にトレーニングしよう、と。

それはわかりやすい、「AをBに変える」変化の作り方だと思うんです。

でも福田さんの場合はそれと違ったんですよね。

ひたすら自分の心の声を見つめて、人に認めてもらうための「明るい声の人」ではなくて、弥勒菩薩の微笑みのように、心の曇りも浄化させられるような「笑顔の人」になろうと決心された。

上手でなくても良いから、人に楽しんで、喜んでもらえるようになろう、そのために、人の3倍も5倍も笑顔でいようと、そう思われたということですよね。

思いがけない変化を生み出すという意味で、私は「創発」という言葉をよく使うのですが、その意味合いと重なります。

それは、レイヤー、階層が変わるとか、次元が変わるとか言っても良いと思います。

こういう**「反転創発」の出来事がまさしく、人生の決定的なドット**になり、そのとき起こった出来事をどう捉えられるかが、運命好転のための意識の操縦法にもつながっていくのだと思うんですね。

福田　なるほどね〜。自分ごとを客観的な視点からこうしてお話しいただくと、また違った気づきがありますね。私風に表現すると、ぼた餅《もち》さんと桜餅が主張し合っているとき「お互い和菓子でしょ」と。『笑顔の日めくり』には「**ぼた餅と桜餅、和菓子と言えば両者納得**」と書いています（笑）。つまり「問題解決」から「問題超越」ですね。

ところで確かに内海さんが言う通りで、もしもあのとき、「まるでお葬式の声」というあの一言を言われていなかったら、その後の私の人生、いったいどういう方向に行っていたかなって。

私が、弥勒菩薩のような笑顔を目指し、そのための笑顔人生を歩もうと、決心の第一歩を踏んだのはまさしく、あの出来事がきっかけだったわけですからね。

ことによると、弥勒のような笑顔の意識で生きましょう、なんていうことを人さまにお話しするようには、全くなっていなかったかもしれません。

であれば、当然その後の人生のご縁も、出会う人も、自分の仕事も生き方も、今とは全く違っていますよね。

もちろんifの話ではありますけれど、想像を膨らませてみると、たいへんに意義深く感じます。あの頃憧れて入った放送局でしたから「何くそ」という選択肢はなくて「だからこそ」と立ち上がったことが今の人生に導かれたのだと思います。私はこれを、**こそを立てるので自分自身の**「**こそ立て＝子育て**」と言っています。

内海　そうですよね。そうなら、私もこういう形でのご縁をいただくことにはなっていなかったでしょうしね。
もっと別の、福田さんにとってより素晴らしい人生の可能性世界もあったかもしれませんし、その逆もあったかもしれない。
いずれせよその if のことを脇に置いて、この人生の歩みに意味を持たせたとき、「お葬式の声」と言い放ったその方への感情も印象も、またガラッと「反転」しますよね。

福田　ええ、それはもう本当に。あの方あっての今の私で、その後の人生も本当にいろんなことがありましたけれどもね。でも、弥勒のような笑顔の人生、という今世の私の一番核になるものには、出会えていなかったことは確かですね。

なにしろ私の天命をしかと立たせて覚悟の力を与えてくださったのですから。

それに何より、「笑顔人生」ということを決心したおかげで、それから何十年にわたって、本当に素晴らしい人たちとのご縁をたくさんいただきました。

それは心からありがたいことで、私は幸せものだなとしみじみ感じています。

内海　ことわざに、「禍福はあざなえる縄のごとし」ってありますよね。深い言葉だなぁと思うんですよ。
ジョブズのスピーチもそうなんですが、人生っていうのは、やっぱりそのときの目の前のことだけにずっと囚《とら》われていたら、全体的な奥行きの深さとか、その彩りの鮮やかさが、どうしてもぼやけて濁ってしまう。

だから、自分で意識的に、自覚して、視点を自在に動かしてみることが、すごく大事だと思うんです。

「あざなえる禍福」と「チャンスはピンチの顔をしてやってくる」

内海　「禍（わざわい）」と「福」は表裏一体で、コインがひっくり返るみたいに、あるときころっと「反転」したりする。

「あざなう」っていうのは糸や紐をより合わせることですから、グルグルと巻きつけていくような形態になりますよね。イメージ的にいうと、螺旋《らせん》が上昇するような感じになります。DNAの螺旋構造のようなね。

それはまさしく、ある普遍性を持った、宇宙の隠された法則のようなもので。そういうことを、はっきりと自覚して、自分の意志で活用する生き方を自分自身も実践したいし、人にもお伝えしていきたいなと思うんです。

その意味でも、福田さんの人生の「あざなえる禍福」は、ホントに示唆に満ちているなと思います。

福田　そうですねえ。周りからは波瀾万丈の人生だと言われますが自ら体験してみて、こう思うんですよ。「**チャンスはピンチの顔をしてやってくる**」って。

内海　「ピンチをチャンスにする」じゃなくて、ですよね。

福田　そうです。ピンチをチャンスにするのと、前提が違います。ピンチをチャンスに切り替えようとするのは少し無理がありますね。自分の心がまずピンチを捉えて、その上で「多くの成功者はこれをチャンスに変えたのだから……」と言い聞かせて立ち上がろうとすると、力もいるでしょ。

「うっかり幸せになる」

福田　だから「頑張って」幸せになるのではなくて、「うっかり幸せになる」ためには、「目の前に訪れることはベストタイミングのチャンス！　時にはそのチャンスがピンチの顔をしてやってくるだけなのだ」と。そう思っていると、気がついたら、うっかり幸せになっているのです。その方が楽しいでしょう？

内海　うっかり幸せになる、っていいですよね。さっきの私のたとえとも重なると思うのですけども、ピンチをチャンスにする、っていうのは、AをBにする、っていう変化なんですよね。それは実際、しんどいんです。同じ次元で、よいしょって頑張らないといけないから。

私も人生それなりにいろいろとありましたけども、辛いときはやっぱり辛い。それを切り替えるのには相当な負荷もかかりますよね。

頑張ってピンチをチャンスにする、っていうのは、二元論的な思考だと思うんです。その意識次元での変化は、なかなか大変なことが多くて。

でも、チャンスはピンチの顔をしてやってくる、っていうのは、チャンスがピンチのお面つけてるみたいなもので、もともとから、二元論的に分離してないんですよね。

だから、ピンチのお面は一見ちょっと怖そうに見えても、どうせその中に、チャンスの顔が隠れてるんでしょ、っていう、心の次元が広がったところからの余裕、遊びのようなものがどこかにある。

そういう心のスキマを持っていられることは、些細《ささい》なことのようで、ものすごく大事なことだと思います。

福田　そのように意味づけてくださると説得力ありますね。

「24時間ご機嫌さん作戦」と「自在性」

福田　今ね、私は皆さんに「心の平安、穏やかさ」を笑顔の心としてお伝えしています。何が起きてもおかしくないほどの大変化の中に心の備蓄として「24時間ご機嫌さん作戦」を今のテーマに掲げていますが、そのためには「ゆるむ、ゆるませる」っていうのはとっても大切なことだと思うんですよ。

頑《かたく》なになっていたら、何事もストレスがかかりやすいでしょう。ゆるゆるとしていられる、何が起きても幸せになり切る、うっかり幸せになる。そんなこころもちは、人生を楽しく操縦するための大事な「あり方」だと思います。

あと、それは表情にも表れますからね、うっかり幸せな笑顔にもなりますよ。

内海　私はよく、悟りの智慧のキーワードとして「自在性」ということを言うんですが、それとつながることだと思います。

固定する、ということは、何につけても問題を起こしやすい。しかもそこに、二元論的な対立構造があればなおさらです。

諸行無常と言われるように、行雲流水の自然のあり方で、自在であること。その上で、固定するのではなく、その時々の「決定の連続」を生きる、という感じなんですね。

そう思うと、ピンチや辛いことは、確かにその次元の感情としてはキツイんだけれども、これには必ず「裏」が付いていると。

それで、ピンチのお面の「裏」にあるチャンスの表情を、どう自分が開いていけるか、ということを考えると、そこには「人間の自由意志の尊さ」というものがつながってくると思います。

福田　「人間の自由意志の尊さ」ですね。そこはタオ・リズムや運命好転学のカギになる、大切なポイントですねえ。

内海　はい。たとえるなら、ピンチのお面をつけたまま頑張って上書きしてチャンスに書き換えようとするのは、AをBに力業で変えるようなことなんですよね。

そうではなく、**AをBにしようとするんじゃなくて、ふっと力を抜いて、間をゆるめて、Cという新しい何かを「反転創発」させる。**

それは、ポンッと、新しい人生のステージに竹の節目が伸びる、天の音がリズムを刻む瞬間のようなものかもしれないです。

その変化のとき、自分の自由意志の置きどころ、っていうのが、すごく大事だと私は思っていて。

福田　天の音がリズムを刻む、いいですねえ。まさしく「タオ・リズム」ですねえ。良い悪いという二元世界の中だけでは、人間の意識の束縛はどこまで行っても自由になりませんからね。

二元世界の外にふっと出てみる。そこに、うっかり幸せになる本当のタネがある。

私が感じた弥勒菩薩の笑顔も、そういうことだと思うんですよ。

ただニコニコするのも確かに笑顔ですけども、笑顔の本質はもっと深い。二元世界も包み込みながら、ゆるやかに自在でいられる心の境地。

そこで自然と生まれる笑顔の生き方。それは人間本来、誰もが共有できる、心の次元を高めた生き方につながるものだと思います。

その次元に心を置く生き方を、一人ひとりが自分で掴んで、自分で人生を操縦していくことが、笑顔の生き方の本質でもありますね。

無限、無数にある「命の座」を結んでいく聖地巡礼の旅

内海　はい。その関連で行くと、少し話が変わりますが、福田さんの人生映画でいう27歳のときのことが、私は一つ大きいなと思うんです。

実社会でのアナウンサーという本業の傍らで、占い師もされていたということで。しかもまだ易学を学ぶ前で、占星術とかでもなく、霊感占いをされていたんですよね。

霊感というと、一般的に少しとっつきにくい方もあるかもしれませんけど、例えば夜の墓地なんかには誰も好んで行きたいと感じないように、何かしら目に見えないエネルギーの働きというのは、私たちのセンサーにあったりする。

そのセンサーが敏感な人にとっては、けっこう切実な問題だったりしますからね。

ちなみに憑依とか霊障の研究なんかは、文化人類学とか精神医療の視点から、学術的にもあるそうですね。

福田　学術的にもあるんですねえ。私の場合は直観的というか感覚ですね。今は自分で封印してるんですけども、もともと霊感が強い方で、人を観ても、まあものの見事にピタリと当てていたんですよ。

それでその方の人生のお役に立てればと思ってやっていて、クライアントも非常に増えていたんです。

でも、忘れもしない27歳の7月7日に、ある夢を見たんですね。

世界中の人と手をつないでいる夢で、それは気がつくと、一つひとつの私の細胞だったんです。

それはどこまでも「ひとつながりの世界」でありながら、それぞれの「命の座」のようなものが無数に、無限にある。

そのとき、**それぞれの「命の座」は、全て体験を通して輝き出すこと**を直観したんです。

ですから、この四次元世界（空間三次元と時間一次元の現象世界）の中でたとえマイナスに見えるようなことであっても、それは単に「二元世界の良し悪し」で捉えるべきではないのだと。

マイナス、プラスを自分の小さな分別智で決めつけて、一人ひとりの尊い体験を奪うようなことをしてはならない！　これは「天則違反を犯している」と思ったんですよ。

内海　それで綺麗さっぱりとやめてしまわれたと。それもまた本当に、素晴らしい「ドット」ですよね。

27歳のときのその夢がきっかけとなって、そこから、ことあるごとに世界各地を回られたということで。ある意味、人間に共通する「命の座」を結んでいく心の旅のようなものが始まったわけですよね。

福田　はい。私は魂の巡礼って呼んでるんですけどね。運命的な出会いをした、師と仰ぐ王麗華先生にご一緒させていただき、いわゆる聖地とかパワースポットと呼ばれるところだけでなく、人間の歴史の深い涙や悲しみが刻まれている地にも足を運びました。

ハワイ島のキラウエア火山、韓国のマニ山に、南北分断の地、板門店。ユーラシア大陸は東から西までですね。万里の長城からゴビ砂漠を駆け抜けて敦煌に行き、東西文明の融合するトルコのカッパドキア、イスタンブールへと。

人類史の宗教を考える上では避けて通れない、イスラエルの嘆きの壁にも行きましたし、1999年7月にはモーゼの十戒のシナイ山等で平和の祈りを捧げたりもしました。

それと、マザー・テレサ様のところではボランティアをさせていただくなど、魂の巡礼の旅は続きました。

そうした旅の経験が、私の中で自分の天命をより鮮やかに自覚させるものになりましたね。

内海　なかなか、そこまで世界の要所を回る方は少ないでしょうね。27歳のときのドットが、ひとつながりの世界に生きる人間という「命の座」のあり方への探求として、駆り立てるように後押ししたのかもしれないですよね。

「二元世界」からの脱却は弥勒菩薩の笑顔で！

福田　そうですね。本当に。霊感占いというのは、こちらが主観的に「観える」ということで、確かにそれが当たりはするでしょうけど、二つ大きな問題がありましてね。

一つは、先ほどから何度か出ているように、「良し悪し」という二元世界に、知らず知らず相手の意識を嵌《は》めてしまうことです。

こうしたら良いですよ、これは悪いことですよ、といったふうにね。

でも、その**二元的な思考はまさしく、悪を消し去ろうとするという意味で、実は対立や戦争の論理と重なってしまう**んですね。

それは世界各地の魂の巡礼の中で感じた人間の歴史の悲劇として、痛いほど感じたことの一つでもありました。

それともう一つはね、霊感占いだと、クライアントの方は「観えない」わけですから、立場がはっきりと分かれてしまうのですよ。

「観えている人」と「観えていない人」のようにね。

それはやはり、人間の意識が生み出す様々な問題、争いや差別、操作や支配など、二元世界が生み出してしまう根本的な問題につながっていると思ったのです。

だから、本来、それぞれが等しく尊いのに、その人の貴重な体験を侵してはならないと。

内海　素晴らしいですね。本当に、その通りだと思います。
だからこそそれは封印して、一人ひとりが弥勒菩薩のような笑顔で、他の誰に規定されるでも支配されるでもない、自分の自由意志での笑顔人生を、それぞれが歩めるような世界でありたいと。

それで、笑顔共和国のような意識の変革の文化活動も始められたわけですよね。

福田　そこに至るまでも、いろんな紆余曲折はあったんですよ。時には否定や妬《ねた》みも受けましたし、あらぬ誤解や、妨げも。それでプライドもボロボロになって、自死の淵まで行きました。

「辛い」の字に「一」を入れたら「幸せ」になる

福田　内海さんのドットの話の通り、その時々はもう、本当にキツくて辛くて……なぜこんなことを言われなきゃならないんだろうとか、なんで私にこんなことが起こってしまったんだろうとか。

でもね、「辛い」という字に「一」という横線が入ったら、「幸せ」になるでしょ。「幸せ」の中には「辛さ」が含まれている。**「辛さ」は「ひとつながりの世界」と結ばれることで、「幸せ」になるとも解釈できますね。**そのことを体験を通して学びました。笑顔人生を歩みながらもたくさんの魂磨きをさせていただいて、32歳のときにようやく本当の意味で「笑顔」と「ありがとう」が私の中で結ばれて、心の底から笑顔ができるようになりました。今から思うと本当に「私は幸せ」なんですよ。

内海　32歳のときのドットですね。そこから本格的に笑顔人生を歩まれて。笑顔ひとすじ30年の文化活動で、東久邇宮文化褒賞を受賞されたのが2015年ですか。

改めてですが、本当に素晴らしいご活動の継続と受賞、おめでとうございます。

66歳で「運命好転学」がスタート

内海　福田さんの笑顔活動のことは、それはそれでまた深く細かく話を伺うと何冊もの本になると思いますが、今日のところはタオ・リズムの方に話の軸を置きながら参りましょう。

その笑顔活動と並行して55歳の頃から本格的にプロとして始められたのが、易学の世界を応用した鑑定ということですよね。

そして、2018年の10月、66歳のときに、オリジナルの新易学として「運命好転学」をスタートされたと。

福田　そうですね。27歳で霊感により人を観ることをやめて52歳のとき易学に出会い、

「これならば人々の自立のお手伝いができる」と再び立ち上がるのですが、一つ面白いエピソードがありましてね。19歳のときに、易学者の故五味康祐《やすすけ》さんにこう言われたんですよ。

「おまえのデッドラインは55歳だ。それを過ぎたら余生だと思え」と。それとね、「俺のあとはおまえが継げ」と言われたんです。

五味さんは観相学もされていて、それでご自分の寿命を観た通り、ピタリと58歳で亡くなられました。

内海 うーん、それはお見事というか、なんというか。しかしそういう方に、19歳の頃に「俺のあとはおまえが継げ」と言われても大変ですねえ。

福田 今思えばホントにそうですね。もちろん真摯《しんし》にお話は受け止めていましたけれどもね、まさか実際、55歳のときに易学のプロとして立つとは思っていませんでしたから。でも五味さんに言われたデッドラインはもう、とうの昔に過ぎたわけですからね。余生をかれこれ15年生きていることになります。

おまけにしてはずいぶんしぶとく生きていますよねえ（笑）。

内海 いえいえ。でもそこはやはり、タオ・リズムというコンセプトにつながるところだと思うんですね。ピタリと当たるところと、そうならない余白のような、遊びの幅のようなところ、その両方の要素が重なり合っている。

例えば、55歳のデッドラインをゆうに超えているというのも、一つの解釈ですが、人に喜びをもたらす陰徳を積んだぶんだけ、そのような変化の幅が起こってくると聞いたことがあります。

黒い壁にノブのない黒いドア

内海　あとでまた伺いたいのですが、**天命や宿命といった、いわゆる決定論的に定まっているところと、自分の自由意志が大きく影響する運命のところとがある。**

どちらかだけでなく、どちらも重なり合っている。

基本的な映画の脚本は決まっていても、どんな演出にするか、どんな詳細設定にするか、あるいはどんなアドリブを入れるかなどは、全部ガチガチに固められているわけではないと。

自由意志はあるのかないのか、という専門的な議論もありますが、それはさておき、やはり自分の自由意志でどう自分を磨いたか、魂磨きをしたか、その時々の「決定の連続」を刻んだか、といったことの影響は、やはり大きいのではないかと思います。

福田　はい、本当にそうだと思いますね。私たちは自分の人生を上級、中級、下級の３つのストーリー立てしているようです。生きる中でことが起きた瞬間の反応の仕方で、道を自ら選択しているのです。

ですからそれぞれの貴重な経験というのは、本質的には完全にその人のものなんですね。だって**ひとつながりの世界においては、上とか下とか、偉いとか従うとか、そういうことではない**ですからね。

自分の心のありようが、運命を好転させる。そのために自分の内を深く深く見つめる必要はあると思うんですよ。外に現れている現象のせいにしたりするのではなく、その出来事を通して自分を内観する。

そうするとあるとき、それがまさしく「反転」するような感じで、新しい人生への扉がポンッと開かれたりするんですね。

内海　福田さんはよく、黒い壁の話をされますよね。人生で、黒い壁に行き当たって、どうしようもないと。でも黒い壁をじっと見つめると、そこには必ずドアがある。

しかもそのドアにはノブがない。じゃあどうするか、と。

福田　そうなんです。ドアはあるけどノブがない。ベルもないのでお呼びでない（笑）。そうならば、自分で押すしかないんですね。

黒い壁は、そのときに起こっている大変な出来事でもありますけれど、そこに向き合っている自分自身の心でもありますね。

ですから、誰か他の人に頼ったり、他の人のせいにしたり、それでは決して開かれないのです。そういう心の姿勢は「お呼びでない」のです。

もちろん人の協力を現実的に得ることも大切ですが、その道を開けるか開けないかも、やはり自分の意志ひとつですからね。

じっと見つめて、勇気を持って、「顔晴《がんば》って」突破するしかないのですよ。

内海　そうしたら、閉ざされていたかのような黒いドアがクルッと「反転」して、新しい世界が開けていけると。それは、自分の意志で自分の人生映画を創造していく術《すべ》でもあると思うんです。

私の勝手な解釈ですが、福田さんがデッドラインと言われた55歳をゆうに超えてこんなに人生を楽しまれているのは、やはり19歳の五味さんとの交流以後の人生のたくさんのドットで、その時々、どういうふうに「黒い壁のドア」を押してきたのかが大きいのかなと。

特にやはり、「広隆寺の弥勒菩薩のような微笑み」という天命をきっかけに、自分を見つめ、魂を磨き続けてこられたのが大きいのかなと思うんですね。

だって、五味さんと出会われた19歳の頃はまだ、「笑顔人《えがおびと》・福田純子」は生まれてなかったわけですからね。それが生まれるのは32歳のときのドットですから。19歳のあとで、「お葬式の声」と言われて「反転創発」した21歳のドットがあり、霊感を封印して「ひとつながりの命の座」の魂の巡礼に向かった27歳のドットがあり。

それから、多くの人に笑顔人生のギフトという陰徳を積まれた心のあり方と意志決定の連続性が、大きく福田さんの運命を伸ばし、広げ、豊かにしていったのかなと、そんな印象を受けるんです。


福田　なるほどですねえ。そういう視点で言われたことはなかったですが、言われてみるとたいへんありがたいことに、そのように思えてきますね。

どこまでが予め自分で設計した人生設計図だったのか、どこからが生まれた後の自分の意志の産物だったのか、もちろん、１００％わかるわけではないですけれどもね。

でももしも、21歳や27歳、32歳のときに自分が直面した「黒い壁の黒いドア」が、その時々の人生の分岐点になっていたとしたなら、やはりそこで自分の意志、自分の心のあり方というのが試されたのではないかなという気がしますね。

結果的に私は、ありがたいことにドアをクルッと反転させることができましたから。

内海　福田さんはよく、「笑顔の道具になる」ということを言われますよね。そのときに言う「笑顔」の意味は、「弥勒菩薩の心」と言い換えてもいいのかな、とも思うんです。

人間存在の尊さも、悲しみも過ちも全て包み込んだ「弥勒菩薩の微笑み」というのは、私の言葉でいうと、真理の微笑のようなもので。

人間というものが、本来どういう存在なのか、その深いところにある本当の尊厳性に気づいてほしいと。

親が子に、自分自身を卑下したりせず、胸を張って前を向いて、朗らかに生きてほしいと願うように。

人間が存在し、生きているというのは本当に素晴らしいことなんですよ、と。そう静かに願う「弥勒菩薩の心」を、ある意味、ご自分の使命として引き受けられたのだと思うんですね。

ただ、その使命の道には、いくつかの試練が置かれていたりして。そこにどう向き合うか、どう越えていけるかが、人生の学びでもあり、人生映画の醍醐味でもあるのかなと。

福田さんの場合は結果として、綺麗にその試練をくぐり抜けられて、それで今があると思うんですよ。

福田　そんなふうに汲《く》み取っていただけるのはありがたいですねえ。笑顔で生きることを覚悟したおかげなのだと思います。

「むずかしい」を「けわしい」と捉え直すと……

福田　私は、試練じゃなくて登竜門、ということを、よくお話しさせていただくんですよ。困難な局面に立ったとき、「むずかしい」と意識してしまったら、次の瞬間、「やるか、やめるか」という選択に脳が接続してしまうでしょ。

ですから、「むずかしい」ではなく「けわしい」と捉えるんです。

「けわしい」と受け止めたら、目標を捨てて引き返すという選択ではなくなるんです。出てくるのは、「どうやってこのけわしさを乗り越えるか」という前向きの智慧ですね。

さらに言うならね、例えばけわしい山道も、だからこそ、「うーん、なかなか面白い！」と、もう一つかけ声かけて登りたいものですよね。また思いっきりハードルをあげて乗り越えることも素晴らしいですが、その下をくぐるのも楽しいですよ。

内海　素晴らしいですねえ。自分が選び取る言葉は本当に大切ですよね。言葉と意識、意識と生きる姿勢、生きる姿勢と人生そのもの、と。全て連なって。

「八方塞がって、もうお手上げ」で天が開ける!?

内海　私、もう一つ、福田さんの話で好きなのが、八方塞がりの捉え方です。「八方塞がって、もうお手上げ」って言う。

福田　「八方塞がって、もうお手上げ」で、「お手上げ」の手を上げた先には天がありますね、と。

八方塞がっていたからこそ、天が開ける、あるいは天が開いていたことに気がつけるのですね。

また「井の中の蛙大海を知らず」と言われますが実はポジティブな続きがあります。それは「されど空の青さを知る」と。井の中であろうともひとつながりの世界を知ることはできるのです。それで、人生が大きく変わる、運命がクルッと好転する、前よりもずっと明るくなって、うっかり幸せになる。私自身の人生もそうでしたし、笑顔活動を通して人の意識が変わったときも、運命好転学でたくさんの方の鑑定を通して感じたことも、全部共通しています。

「人生の達人」から「人生の創造主」へ

内海　あとで、タオ・リズムのエッセンスとなるものとして、3つのキーワードでまた話をして整理したいんですが。「自在」「上昇」「反転」の3つです。

ここまでの話を考えても、やはり、綺麗に当てはまっていくなあと感じますし、何より福田さんのご自身の人生が、そのままタオ・リズムを体現されてますよね。

道を歩み、道を開く。そうやって人生道という道を歩みながら、66歳になって、ご自分のオリジナルの新易学として、ついに運命好転学を立ち上げられたということですね。

福田　今までの人生を振り返りますとね、**社会に出て食べるためのライスワークからライフワークへ**、さらには**天命を覚悟してライトワーク**に、という時期がありました。そして今、**運命好転学は自分の人生のラストワーク**と位置づけているんです。

今日、こうして改めて自分の人生設計図の節目節目を考えてみると、この運命好転学の誕生というドットに、全てつながってきているのをしみじみ感じますね。

それは、私が5歳のときに自覚した「天寿国の里道知らせ」ということから、今日このときに至るまで、涙あり、笑いありの素晴らしい人生活劇だったなという感慨でもあります。

ときに「人生のif」を考えてみることは、今ある自分の人生の意味を捉え直したり、そこに深い価値付けを自覚する上で、大事なことですね。

もしあのとき、あの人に出会っていなければ。

もしあのとき、あの一言を言われていなければ。

もしあのとき、あの出来事が起こっていなければ、などなど、たくさんのifがありますね。

その時々というのは、自分の意志で運命を操縦し、好転させるための、たいへん貴重なチャンスでもあったことを、今ではよくよく実感します。

そして、私はありがたいことに、そういうことを自覚的に気づかされる機会に恵まれていたと思いますが、やはり、一人でも多くの方に、こういう人生の智慧を共有させていただきたいなと思うんですよ。

内海　うーん、深いですねえ。人生を振り返って、自分の人生のストーリーや人生の設計図が観えてくるっていうことは、まあ、比較的わかりやすいことだと思うんです。

でも、私は今40ちょっとですけども、人生100年だとして、まだ半世紀以上を生きるとしたら、そこはずっと未知の領域なわけですよね。

例えば人生というものが一つの旅だとして、地図もガイドブックも何もなく、えいやっと飛び込んでバックパッカーの旅みたいに生きるのも、一つの選択肢だとは思うんです。でも、最初の方でお話ししたように、ある程度の全体地図と、全体設計図のようなものは、やはり手にしておいた方が良い。

それは、この不安定な時代を生きる上でも、あるいは「良し悪し」ではないとしても、旅の途中で迷ったり人生遭難したりしないように、より「善く生きる」智慧、今風に言えば、ＱＯＬ（Quality of Life）を高める智慧でもあると思うんです。

それはある意味で、未来につながるドットの予感を楽しみながら、〝Stay hungry, Stay foolish〟の心で生きる、「人生の達人」としての智慧でもあるかなと。

福田　「人生の達人」っていいですねえ。さらにいうなら、自分の人生の地図や設計図、人生のリズムがわかってくるということは、自分の人生の創造主となるということにもつながっていきます。

それは宗教的な意味での創造主ではなくて、**自分の心が自分の人生を、現実を創っているのだという、まさしく、悟りの意識にもつながるものですね。**

内海　そうですね。そしてそれは、一人ひとりがこの四次元宇宙の操縦者となる意識の変容という意味で、弥勒菩薩の心や、笑顔意識にも重なり合うものですよね。

福田　はい。おっしゃる通り。この運命好転学が、オーソドックスな易学や運命鑑定と異なる点は、意識の起点や土台の違いということが、たいへん大きな要素なんです。

そこのところはちょうど、タオ・リズムのタオ（道）の世界を説いた老子のTaoismの領域になると思いますので、そのあたりの話を、内海さんからいろいろと伺っていきたいなと思いますが、いかがですか。

内海　そうですね、ありがとうございます。タオ・リズムではまず、老子のタオの世界の認識があって、そこを起点に宇宙のリズム、人生のリズムの奏で方へとつながっていきますから。

そもそもの老子のTaoismのエッセンスを、共有して参りましょう。

実力は
問題や失敗の連続から生まれる
優しさは
つまずいた数から生まれる
たくましさは
これらの体験から生まれる

深い愛の泉に到達するまでの
道しるべそれは
「透明感」です

FUKUDA

UTSUMI

出来事の意味合いは
時が見守り、変えてくれる。
そのときは、辛いと思った。
今は、あのおかげで、と思えた。
人生映画は思いの産物。
時事刻々移り変わる、心が映す映画
の中。
どんな心を映すかは、自分の思いの
選択次第。

第2章 タオイズムの世界観について

老子『道徳経』の重要ポイント

福田　老子のタオと道教（Taoism）については、世の中にもいろいろ本も出ていますが、内海さんが重視されてるポイントをぜひお聞きしたいですね。

内海　はい。そうなんです。老子の『道徳経』という本がありまして、全部で81章あります。その中から、ここを押さえておくとTaoismの要点がわかって、そこから私たちがタオ・リズムって言っている意味にまでつながるかな、というところを、いくつかピックアップしてきました。

『道徳経』の全文は、それはそれですごく面白いし素晴らしいのですが、今回は私のセレクトでの『道徳経』のエッセンスをお伝えしたいなと思います。

福田　楽しみですねえ。ちなみに時折「福田さんは老子みたいね」って言われることがありますがそうなんですかね。

内海　そうですね。確かに、とっても老子っぽいところがあると思います。女性版老子といいますか。

ただ、老子って一般的に、日本社会では全然メジャーではないと思うんですよね。『道徳経』の81章を全部読み込む機会というのもそうそうないでしょうし。

その中で、老子とか、普通言われる道教っていうのは、例えばちょっと仙人じみたイメージとか、シャーマニズム的な仙術とか、気功法とか、錬丹術とか、そういったイメージも持たれやすいのかなと。

でも、民間のいろんな信仰とかが入りまじって次第に宗教化した道教と、道家と呼ばれる、老子や荘子が説いていたもともとの世界観っていうのは、かなりの開きがあると思います。

福田　**老子の「道の教え」そのものは、いわゆる神仙思想みたいなものとは違う**ということですね。

内海　そうですね。『道徳経』のどこを読んでも、そういうタッチの内容は書いてありませんから。まさしく「道の教え」を説《と》いている本で、**道というのは一言で言えば、森羅万象の根源にある真理のこと**です。

いかに真理に沿ったあり方、生き方をするのかと、そのための指南書、もっと身近な感じでいうと説明書、ガイドブックみたいな、教えの本ですね。

ですから、福田さんが老子っぽいというのも、別に仙人っぽいですよねとか、そういうことではなくて。

もっと直接的に言うなら、真理に沿ったあり方、生き方をされていると、そういうことだと思いますよ。

福田　それはそれは。なんだかたいそう持ち上げていただいている感じがしますけども。

内海　いえいえ、別にわざとアゲているわけでもないんですよ（笑）。

実際に、さっきの「黒い壁の黒いドア」の話もそうなんですけども、福田さんが話されることや福田さんの意識空間の中にある世界観なんかは、老子の言葉と重なり合うところが多々あるんです。

別にそれを意識して話されているわけでもないのでしょう？

福田　それは、全然意識してないですね。私は自分の直感と感覚で、弥勒菩薩の心や笑顔の道を地道に探求して実践してきたつもりではありますが、あえて老子らしくあろうと思ったことは一度もありませんね。

内海　それが逆に面白いと思うんですよね。特に意識していなかったにせよ、重なり合う要素が多々見られるということは、そこには共通項があるわけで。それって、それぞれの「道」を歩む中で響き合ってくる、ある種の普遍性の現れではないかと思うんです。

老子のいうタオとはまた違う意味でですが、日本文化はよく、「道の文化」だと言われるじゃないですか。

福田　ええ、そうですね。茶道、華道、武道、香道など、たくさんあります。それになんと言っても神道も。なんでも道に通じますね。

道に通じる、ということを、今言われたように真理に通じるもの、と捉えるなら、そこにはやはり重なり合うものがあって、何かしら普遍的なものがあると。

「門」「水」「沖氣《ちゅうき》」の3つのキーワード

内海　はい。日本文化はそれを、はっきりとした言語表現や論理よりは、感覚や感性、情緒の中に見出すものだと思うんですけども。

老子『道徳経』はそこに通じる世界を、はっきりと言語化しています。体系的に整理された章立てではないのですが、あちこちに埋め込まれている感じです。

そこから、シンプル化するために今日は、キーワードをピックアップしてきたのですよ。この3つだけ押さえれば、タオ・リズムに通じるものとして十分だろうと思うところを。

福田　3つだけで、老子の思想をですか。

内海　はい。「門」「水」「沖氣」の3つです。あとはこれに紐づけて、それぞれの概念を膨らませて、より鮮やかにしていけたら良いかなと。

福田　「門」「水」「沖氣」の3つですね。これがタオ・リズムのコンセプトにつながると。

内海　それと、当然ながらですが、運命好転学という実践的なメソッドにも直結しますね。例えば運命好転学の鑑定を受けて、それを自分で深く落とし込むときにも、それから自分で鑑定の読み解きを応用していくときにも、一番ベースのものとして、役に立つというか、大事なはたらきをしてくれる概念になると思います。

福田　それは楽しみですねえ。では、一つひとつ伺っていくのがよろしいですか。

内海　そうですね、そうしましょう。結果的に、3つのキーワード自体も、ある意味で三位一体というか、同じことを違う角度から、違う意味づけで話しているものだというふうに、結ばれていくと思います。

最初に「門」から、と言いたいところなのですが、理解の順番としては「水」が良いかと思うので、そちらから行ってみたいと思います。

水の性質「不争の徳」はタオのはたらき

福田　老子と「水」と言えば、「上善如水」という言葉がありますよね。お酒の銘柄にもなってますが、あれは老子の言葉でしたよね。

内海　そうですそうです、まさしく老子の言葉です。『道徳経』でいうと第8章に出てきますね。そこでは、「水」のはたらきとして大きく二つあります。

「**水は善く万物を利して而も争わず**」とあるように、一つは、万物の成長を助けること。水がないと、植物が芽を出すこともないし、動物も人間も生きられないですよね。

水は生命を司る最も大切な要素ですから、その意味がありますね。

もう一つは、「しかも争わず」というところ。

「不争の徳」という言われ方もしますが、競って争い合うようなことをしない。様々な存在を活かして、それぞれの利になるようなはたらきをする。

この水の性質が、タオのはたらきによく似ていると、そういうことですね。

福田　水の性質、「不争の徳」。素敵ですねえ。私は「争って争わず」ということをよく話すんですよ。

争いを避けて、事なかれ主義に関わるのではなくてね。**手を擦り合わせるとそこに暖かい熱が生まれるように、エネルギーは摩擦から生まれます**。本当に腹を割ってつながり合うためには摩擦も必要だと。

その先には、お互いがより理解し合い、和解し合える場がちゃんと待っている。そのことがわかっていると、それはお互いの田んぼ（腹）と田んぼ（腹）を交わし合う「田田《たた》交《かい》」であり、「争って争わず」ですよね。このあたりは、いかがですか？

内海　素晴らしいと思います。第8章では、そこまでは老子は語っていないですが、タオのはたらき、という全体像まで広げたとき、福田さんが言われる「争って争わず」ということは、ピタリと当てはまると思います。

水の「方円自在」こそがタオ

内海　Taoismを代表する言葉としてよく、「無為」と言われますよね。「為すこと無し」なので、何もやっていないと。

でも、「無為の為」とか、「無味の味」とか、どっちもあるようでどっちでもないような、逆説的な表現もあちこち出てくるんです。

何もやっていないことをやっている、とか、味がないものを味わっている、とか、普通に考えるとよくわからないじゃないですか。

いったいどっちなんだと、何が言いたいんだと。

そういうところが、老子のとっつきにくさでもあり、魅力でも醍醐味でもあるんですけども。

福田　なるほどなるほど。よく回るコマはまるで止まったように見えるように、なんにもしていないわけでもないと……それでいくと「争って争わず」ということも似たような感じですものね。「争わず」って言っているのに「争ってる」じゃないかと。

内海　はい。だから福田さんが、そういう発想とか言葉の紡ぎ方をするのは、やっぱり老子っぽいんですよね。

でも、なかなか一般的に、「そうか、それは素晴らしい！」とはなりにくいところもあると思うんですね。

なんか、わかるような、わからないような、でも良いこと言ってるような、っていう。だから老子も、『道徳経』読んでると面白いんですけど、彼が伝えようとしていることがなかなかダイレクトに伝わったり理解されたりしてなかったみたいで、そこに対するちょっとした嘆き節というか、ひねくれというか、そういうものもある。

でもだからこそ、道の教えは素晴らしいのだ、価値があるのだ、というようなことも言っていますね。

そのへんの、良い意味での人間くささが私は好きで、老子の魅力の一つでもあると思ってるんです。

福田　そうですか。老子の嘆き節っていいですねぇ〜。何においても、人が気づくためにはその奥の意識やさらに深い意識まで到達していなければ、言葉をどんなに尽くしても何一つ理解してもらうことはできませんからねぇ。ましてやこの私でさえ「純子節」はようわからんことがあると（笑）、そう言われたりしますから老子の嘆きが伝わります。

ですからやっぱりね、先ほどもお話ししたように、二元論的な認識ではなかったということですよね、老子も。AかBか、という考え方ではないですものね。

でも、**「AでもあるしBでもある」という柔軟さ、同時に「AでもBでもない」ともひっくり返せる自由な心の操縦法があれば、別にAかBかにこだわる必要自体が、そもそもない**わけですからね。

大事なことは、**いかに人が笑顔で、うっかり幸せであるかという。それが中心**だと、私は思うんですよ。そのために、何か物事を固定して決めつけて、それで自分の心や人生が不自由になってしまったら、本末転倒です。そんな残念な生き方から離れて心軽やかに生きていきたいものです。不完全なものを不完全なまま抱え込める力、それが人間の度量でもありますしね。

内海　まさしくその通りなんですよ。そこは老子の「水」のキーワードの真髄でもあって、私はよく「方円自在」という言葉で、老子のいう「水」の意味合いを話すんです。

「方円」っていうのは、例えば正方形とか長方形とか、あるいは円形とか、「器としての形」のことですね。

水は方円の器に従う、ということで、水は自在であるから、角ばった器にも、円形の器にも、何にでも形を合わせて変化できるでしょうと。

それでありながら、水という存在、水の性質そのものは、何の変化もない。言うなれば普遍性を持っている。

普遍的に変わらないものが、いくらでも変化できる自在性を持っている。それがタオの性質と直結するんですね。

「不易（変化しないこと）」と「易（変化すること）」で一つになっている!?

福田　なるほどなるほど。この世は変化そのものを除いて全てのものが変化しています。易学的に言葉を変えるならまさしく、「不易（変化しないこと）と易（変化すること）」ですね。

不易であるからこそ、自在に易、つまり変化をもたらすことができると。易の裏には不易が寄り添っていて、一つになっているんですよね。これは深いところにつながっていきますねえ。

これはちょうどね、運命好転学のたいへん大事なポイントにもつながるところなのです。いわゆる易占いと違うところがやはりこの、不易の世界、不易の次元を土台に持っているか、持っていないか、というね。これは大きな、決定的な違いなんですよ。**不易の世界が土台にある。それがあって初めて、易（変化）の世界を操縦する心の設定ができるんですね。**

でも普通、一般的な易学とか易占いでは、そこは語らないんですよ。

内海 そうなんでしょうね。でもだからこそ、タオと易とが融合されたタオ・リズムの概念や、新易学としての運命好転学が意味を持つと思うんですよね。

このあたり、少しむずかしくなりがちなので、『道徳経』から、わかりやすいイメージをご紹介できたらなと思います。

福田 どんなことでしょうか。

タオとは「和光同塵《わこうどうじん》」「一なる世界」のこと

内海 「水」のイメージに連なるところで、「和光同塵」ていう、これも老子の有名な言葉があるんです。『道徳経』の第4章ですね。

ここはタオの性質を語っているところで、タオっていうのは、天地万物の根元にある、「一なる世界」のことなんです。

現象世界は多種多様な存在があって、いろんなものに分かれて、境界線もたくさんある。鋭く尖っているものも、もつれて絡まったりしているものもある。

だから、タオそのものになるために、そういった存在を全部、根元の「一なる世界」までほどいていってしまおうと。それが「和光同塵」の意味なんですね。

いわゆる、全ては一つである、というワンネスの世界になるわけですが、存在次元で宇宙はひとつながりだ、というワンネスとは違います。

万物の生まれる最も根元にある世界のことですから、言葉を変えれば**宇宙が生まれる前の世界、「宇宙の外」の次元**になります。そこでは、境界線なく全て一つであると。

そしてその世界を老子はタオと呼び、その象徴として、「水」のような世界、と言っているんですね。

宇宙の存在は全て「一なるタオの世界」「水と波」から生まれている

福田　なるほどそういう意味合いにつながるんですね。「宇宙の外」、素晴らしい、貴重なキーワードが出てきましたねえ。そういう意味で、Taoismにおいて「水」が重要な概念になるということですね。

そうなると、ただ単に、水のように柔軟に、自在に、ということだけではなくて、内海さんが言われる**「宇宙の外」に意識次元が拡張されることの意味合いにつながってくるこ**とになりますよね。

内海　そうです、おっしゃる通り。それで、このことをわかりやすいイメージにするとですね。水というのは、老子も言っているんですが、何かが有るような無いような、そこに何かがたたえてあるかのような状態なんです。

簡単に言うと、まっさらに静かで透明な水面のような感じですね。

それで、そこが万物の根源で、そこから水面が動いて、多種多様な存在、境界線が生まれてくるというようなことを随所で語っているので、イメージとしては、波が立つような感じですね。

「水と波」のイメージです。全てがどこまでも無限に広がる水のような世界があって、そこから、いろんな波、いろんな存在、天地万物、森羅万象が生まれてくると。

福田　「水と波」ですね、とってもシンプルですし、綺麗なイメージですねえ。先ほどね、ぼた餅と桜餅のお話をしましたでしょ。「ぼた餅と桜餅、和菓子と言えば両者納得」とね。

それでいくと、ぼた餅と桜餅は違う餅のようで、お互いに、私の方がおいしいとか、すごいとか、人気があるとか、それでケンカになってしまったりする。
でも、どちらも和菓子でしょ、と。
つまり、どちらも元は「同じ一つ」でしょう、と。
それと同じと考えてよろしいですか。大波小波、いろんな波があるけれど、海は広いな大きいな、行ってみたいな宇宙の外の「ひとつながりの世界」とね。そこで仲良く手を結びましょう、となりますね。

内海　お見事ですねえ。ぼた餅と桜餅とTaoismをつなげた人って聞いたことないですね。

福田　「お腹をすかせたアホであれ」ですからね（笑）。でも結局のところ、真理というのは実はたいそう身近なところにあるもので、それにうっかり気づいてしまったらもう、こっちのものでしょう。
私はね、そうやって、身近な日々の、些細な出来事の中に、真理の道や笑顔の道を活かしていきたいなと思うんですね。

内海　ホントにそう思います。日常の中にこそ真理がある。何かを取り立てて崇《あが》めたり、高尚で自分とははるかに遠い神棚のようなところに祀《まつ》っておくのではなくですね。
もちろん真理の探究というのは俗っぽいことではないですし、たいへん真摯な心のあり方が大切な側面もあるとは思いますが、よりもっと、人生に寄り添っていてほしいものだなと私も思います。

そういう意味でも、老子のあり方っていうのは、現代人が悟りの智慧を人生に実装していく上で、大いに学ぶべきところがありますよね。

福田　そうですね。ぼた餅を神棚から降ろしてきて、おカミさんがいる台所の棚に置いておいたら良いですね。そしたら、その棚からぼた餅が落ちてくるたびに、タオそのものにハッと気づけますからねえ。

内海　うっかり幸せになる智慧ですね。本当に女性版老子ですね。でも本当に、水と波のたとえを広げて身近なことに置き換えてみれば、日常の全てにタオのはたらき、つまり真理のはたらきは隠れているんですよね。

大波小波、さざ波に荒波と、あらゆる波が全て水でできているのと同じように。私も福田さんも、あるいは全ての人間、生物、物質、光もエネルギーも全部、宇宙の中にある存在は、宇宙の根源、一なるタオの世界、つまり水の世界から生まれているわけですからね。

水でない波が決してありえないように、真理でない存在というものも決してありえない。

ですから、現象世界の存在の全ては真理であり、タオであると。

そういう世界認識を持っておくことで、日々の人生がはるかに豊かで味わい深いものになるのは、間違いないことだと思います。

福田　うーん、グッと深いところに来ましたねえ。今思ったのですけどね、現象世界は波の世界だというのは、例えば物理学でも、量子力学でも言っているところに通じますよね。

それと、波というのは、上下に揺れますよね。波動が振幅する構造のように。それはまさしく、リズムを刻むことでもあるかと思うんです。

タオの世界には「リズムを超えたリズム」がある!?

福田　あらゆる存在がそうして、波動として響き合い、リズムを奏でているのであれば、そこに一定のテンポもあると言えるでしょうし、また、テンポからずれたリズムになることも考えられますよね。

それは人生のリズムも、そうなんですよ。一定のテンポに収まっているときもあれば、そこから外れることもある。しかもその一番根っこの深いところには、水のリズム、タオのリズムがあるということですものね。面白いですねえ。

内海　そうそう、タオのリズムです。タオの世界には、リズムの根元のリズムというか、リズムを超えたリズムというか、そういうものがあるんですよ。

それは実際に、老子が、いくつかの章ではっきり言及してます。リズムという言い方をしてはいませんが、明らかにタオの法則、タオのリズムはある。

それが、3つのキーワードの二つめ、「門」に直結することです。

福田　「水」から「門」につながるのですね。そういうふうに老子を解釈したものを聞いたことってないですねえ。しかもそれがリズムにつながり、タオ・リズムとなる。

内海　はい。そしてそのまま、運命好転学の独自性、その最重要のエッセンスにもつながりますね。

第4章のところからもう少しだけ引っ張っておきますと、タオの世界について、こう言っています。

タオは空っぽで何の役にも立たないようであるが、そのはたらきは無尽であると。その空っぽの世界が何かに満たされることは決してないと。そこは無限の働きが出てくるところであると。

これが、「門」の概念につながるのです。

「門」の概念、「天門開闔《てんもんかいこう》」とは？

福田　やはり深みのあるところですねえ。もう少しわかりやすく「門」のはたらきについて触れているところはないですか？

内海　あります。第10章にズバリ出てくるキーワード。「天門開闔」です。私は、**ここを押さえることが『道徳経』の要になるところ**だと思っています。

「天門」っていうのは、天地の根源、つまりタオ、「水」の次元の世界に、「門」があるよ、という象徴的な表現ですね。

「開闔」というのは、「開」は読んでそのまま、開く、オープンする、という意味で、「闔」は逆に、閉じる、クローズする、という意味があります。

福田　ということは、万物の根源、宇宙の外のタオの世界には、開いたり閉じたりする門がある、ということですよね。

もちろん、建物としての門が実際に建っているわけではありませんから、開いたり閉じたりする、門のようなはたらきがあると。

ああそうか、その、開いたり閉じたり、っていうのが、「タオのリズム」になるということですね？

内海　そうですそうです。さすが、お察しの通りです。

ちなみにこの他にも老子は、第1章で「衆妙《しゅうみょう》の門」、第6章では「玄牝《げんぴん》の門」というように、何度か「門」という言葉を使っています。

それで私は、老子の悟りのことを象徴的に「門の悟り」と読んで、仏教に代表的な「空の悟り」と理解の上で区別してお伝えしたりしています。

ちなみに日本的な悟りの感覚のエッセンスを「間と結びの悟り」と呼んでいますが、これについてはまた別で触れましょう。

「玄牝《げんぴん》の門」とは「天地の根」、宇宙万物の根源のこと

福田　はい。そういたしましょうね。お話ししたいことはまだまだありますから。

「玄牝の門」というのはたまに耳にするのですが、女性性の象徴のような意味合いで語られますよね。

それと確か、谷の神、谷神《こくしん》ということもあわせて聞きますが、同じところで出てくるのですか？

内海　そうです。「谷神は死せず、是れを玄牝という。玄牝の門、是れを天地の根という」のように、続けて第6章で出てきます。

谷神っていうのは、別に谷間に神様がいますよ、っていうような、人格神的な神様のことではありません。なんとなく、神仙思想的に、霧がかった谷間に神様とか仙人がいそうな雰囲気で思われる方もあるのかもしれませんが。

はっきり書いているように、「玄牝の門」とは「天地の根」、つまり宇宙万物の根源の世界のことを言っているわけですから。

そしてそれはそのまま、ここまでお話ししてきたタオの世界、「水」の世界のことでもあります。

福田　ということは、谷神というのは？　どういう解釈になりますか？

内海　山と谷のイメージをするとわかりやすいと思いますね。谷というのは、一番深いところです。そこが「玄牝」で、そこは「天地の根」だと言っているわけですから、つまりは存在次元の一番深いところです。

あるいはさっきの「水」と絡めるなら、山を流れる水はあちこちから下に流れますよね。それで谷間で全て一つになって、平らかな水面になると。

そこはつまり水の次元、宇宙の外です。普遍的な「不易の世界」なのだから、死ぬことはありませんよね。

さらに言えば水は生命の象徴でもありますし、生命を生み出す女性性の象徴とも言えます。だから言葉を変えるなら、創造の象徴です。それが「玄牝の門」の意味です。

「玄」とは「黒」のこと、「黒い壁の黒いドア」に通ず

福田　なるほどねえ。綺麗にいろんな意味合いが矛盾なくつながって、たいへんスッキリしました。

それはよくわかりましたが、ところでね、「玄牝の門」の「玄」は、色でいうと黒のことですよね。

それはどういうふうに理解すればよいのですか。

内海　そこはですから、福田さんが言われる、「黒い壁の黒いドア」ですよ。

福田　「黒い壁の黒いドア」ですか。確かにその話は先ほどもしましたし、よく使うたとえなのですけども。「玄牝の門」とつながるとは……。

内海　意外な感じがするかもしれませんが、福田さんは自然とそういう概念を直感的に独自の表現に変換して話されてるんですよね。

私が一番最初に福田さんから「黒い壁の黒いドア、しかもノブのない黒いドア」の話を聞いたときに、ふと思ったのは老子の「門」のことでした。

もちろん解釈の仕方というものは受け手それぞれ多様であっていいわけですが、言葉が持つ「意味の奥深さ」というものは、自分の気づきの深さにもつながるものだと思いますので。

ましてや老子は宇宙の根源的なはたらきのことを言い残しているわけなので、それと重ねて「黒い壁の黒いドア」を解釈するのは、意義あることだと思うんですよ。

具体的に言うとですね、『道徳経』の第1章です。

ズバリ、「**玄のまた玄は衆妙の門なり**」という言葉があります。

福田　へえ〜。なんだかゾクッとくる感じがしますね。「玄のまた玄は衆妙の門なり」ですか。玄というのは黒のことですから、黒よりもっと深い漆黒、のような意味合いにも感じられますね。

内海　そうですね。玄というのはタオの世界のことですが、はかりしれない深淵のさらにまた奥、という感じですから、色合いで言えば、黒より深い漆黒、というのはしっくりきますね。

ちょうど福田さんは、黒い壁をじっと見つめたら、そこには黒いドアがある、という言い方をされますよね。

「玄のまた玄」っていうのは、それに似てると思うんですよ。

一見すると、ただどこまでも無尽の暗闇が広がっているような世界で、そのもう一歩奥の方まで、心を静かにぐぐっとフォーカスさせてみる。

するとそこには、もっと深い漆黒の深淵の中に、ドアが、「門」が観えると。

そしてその門は「衆妙の門」ですから、つまり、そこは妙《たえ》なる創造が始まるところ、変化の起点になるわけですね。

そのドア、「門」をひと押しして「向こう側の次元」を開けば、そこは新たな創造の世界ですよ、という感じです。

福田　なんとなんと、こんなにぴったりつながるとは。「黒い壁の黒いドア」に、こんなふうな意味づけをしていただけるとは。我ながらびっくりですねえ。
このことは『ミロクの響き』の中にも詳しく書きましたが、私の人生の実体験からくる直感的なたとえ話が意味のあるものになっていたのであればありがたいですね。

内海　私は、福田さんの話には、こういうふうに、すごく本質的で深い意味合いが隠れているものがたくさんあると思いますよ。それが「純子節」の醍醐味みたいなもので、そういうことを意識して深読みしてみたら、講座を聞かれる方なども、また違った気づきや楽しみがあると思います。

ちなみにね、この「門」について、先ほど「天門開闔」という言葉をご紹介しましたよね。

開いたり閉じたりする「門」ですから、「開く」の裏には同時に「閉じる」があるわけで、**「閉じる」というのは、一点にエネルギーの圧がかかるような感じ**なんです。

これは物理学的な宇宙論にも通じるところなのですが、簡単に言うと、なんらかのエネルギーの圧がかかって、それで位相の転移が起こって、新しいフェイズに移る。

何が言いたいかというと、**ポンッと竹の節が変わるような変化のときには、「圧がかかる」というのが、一つの法則性としてある、**ということです。

それは宇宙の仕組みとしても、人生のドットとしても、共通してくるんですよね。

福田　それはすごく納得できます。思いっきりしゃがまなければ高く跳べないように……。

私自身の人生もそうですし、多くの方の笑顔人生のエピソードや鑑定を通しても、「圧がかかる」そのときが、本当に登竜門なんですよね。

その「圧」に対して、「むずかしい」ではなく「けわしい」と捉える、というお話を先ほどいたしましたが、そこにも通じますね。

あと、八方塞がりだからこそ天が開けるということも、井の中の蛙だからこそ空の青さを知る、という視点が開けることも。

なんだかいろいろとつながっていきますねえ。こんなふうに、違ったたとえや表現でお話ししていることの中に、共通項が浮かび上がってくるのは、不思議な感じですね。

しかもそれが、内海さんがいう老子のエッセンス、「天門開闔」と、さらには宇宙創造の精妙な「門」のはたらきにまで、見事に一気通貫ですね。


内海　**宇宙の創造っていうのは、宇宙物理学でいう137億年とか138億年という視点ももちろんあるんですが、現象世界の生滅という視点では、いつも、常に、今ここで起こっていること**なんですよね。

だから、自分の人生映画という自分の宇宙を、今この刹那《せつな》に、「門」を通過させて新たに開くことは、少なくとも原理的にはいつでもやっていることだし、できることなんですよ。

ただ、それが実際の人生のリズムの中で、どういう現実的な変化をもたらすものになるか、ということになると、具体性を持って着陸させないと、原理的な本質論だけではちょっと扱いきれないところがあるなと思っていたんです。

その点で、タオの叡智《えいち》は、現象世界のリズムとタイミングを洞察する新易学と、本当に素晴らしく相性が良いと、そう思ってるんですね。

福田　うーん、どんどん核心的なところに進んでいきますね。少しね、確認も含めて振り返りたいのですけど、タオのはたらきの象徴である「天門開闔」っていうのは、開いたり閉じたりを繰り返す、「タオ」の「リズム」なんですよね。

ちょうど、手拍子を打つときの両手の動きみたいに。タンッ、タンッ、タンッ、タンッ、って、手を開いたり閉じたりしながら「リズム」を刻みますよね。

そこから音の響きが様々に生まれるように、多くの創造が始まると。それで「衆妙の門」という言い方もあって。

それと、創造の象徴として女性性ということがあって、だから「玄牝の門」という表現もあるということでしたよね。

宇宙の誕生、人生の誕生、新しい自分の誕生と、そういうところに「門」のはたらきが隠れていて。

それとさっき、「水と波」のたとえのときに、全ての波は水なのだから、全ての現象は真理だという話もされてましたよね。

ということは、**真理そのものである門のはたらき、「タオのリズム」は、全ての現象の中に息づいていると、**そういうことにもなりますね。

内海　そうですそうです。綺麗に全部まとめていただいてどうもありがとうございます。

タオイズムは女性性の原理

内海　例えば生命誕生のリズムで言えば、お母さんの陣痛も似たような感じですよね。だんだん、出産への圧、リズムの刻み方が短くなってくる。

そして、強い圧がぐ——っとかかって、産道という「玄牝の門」を螺旋状にまわりながら、反転した新しい世界へと、オギャアと「開かれて」くる。

ですから老子のTaoismというのは、いわば女性性の原理なんです。

「水」のたとえもそうですけどね。男性性を、上に向かって競い合う「火」だとしたなら、下に降りて全てを調和させて、さらに新たな命までをも育むのは女性性の原理と言えますよね。

もっとも、男性性・女性性という二元論の話をしたいのではありませんが、Taoismは少なくとも、こういう意味合いでいうなら女性性が強い。それはちょうど、今からの時代のパラダイム転換にも合っていることだと思います。

福田　今までの男性性の原理に女性性の原理が加わってTaoismからタオ・リズムになることで、**男女を超えた「母性」宇宙の神秘、生命の神秘の世界へと到達**できれば本当に感動的なことだと思います。

この母性を想いつつ「水」の性質や谷神を人としての生き方にたとえるならば、谷神に向かって「降りていく生き方」をしたいものですね。登山家にとって大切なことは登ったからには降りるということ。登ったままだと遭難ですから……そうなんですから（笑）。

ある人が「私は降りない。頭を下げないためにここまで努力してきたんだから」と言われたので、「降りていく生き方には資格がいります」と。「それは何だ！」と問われたので「登りつめた人しか降りる資格はありません」と言うと「そろそろ降りよう」と、実に素直に降りていく生き方に共鳴されました。

内海　その柔らかな心の変化は素晴らしいですねえ。社会的な立場とかプライドが邪魔すると、なかなか「降りていく」って簡単にはできないですものね。

福田　みんなが笑顔で麓の景色を愛《め》でながら、上から下へ水のごとく谷神に向かって降りていくことができたら、上も下もなくどんなに楽しいことでしょう。

またあるとき、島原のＰＴＡで男性から「夫婦は本音で語るべきでしょうか」と質問されました。そこで私は「結婚すれば互いにいろんな面を見るでしょう。そもそも本音で語るかいなかの前に、これだけは尊敬できる、というぶれない尊敬心を一つでも持っていれば本音で会話できるでしょうが、それがなくて本音を出すと即、崩壊ですね」と言うと会場がどっと笑い出しました。

降りていく生き方はお互いを敬《うやま》い、それぞれを活かし合うことができるのです。しかも心のあり方として、一番深いところまで降りていく。まさしく老子のいう「谷神」ですね。理解するとはアンダースタンド「下に立つ心」です。**一番低いところに心を置けば、そこから生まれる全ての存在を見上げるような趣きになります**からね。

そうしたら、自然と、あれこれ理屈なしで、全ての人や生き物への敬いや、慈しみの心になると思うんです。

今私は「下流に立つ」を意識していますが、そういう意味でも、やっぱり老子の調和的な女性性の世界は、改めて再評価されるでしょうね。

内海　はい。競争から共生へ、というようなことを現代ではよく言われると思うのですが、そういったキャッチフレーズの厚みを生み出すための、思想とか理念とか、哲学っていうのは、大事だと思うんです。

その方が、その概念に深みが生まれて、より地に足がついたものになりますし。

Taoism はその意味でも、現代的な価値はたいへん大きいんじゃないかと思います。

空っぽでありながら無限のはたらきが起こる!?

内海　ところで「門」の話をもう少し補足するとですね、「門」といっても、もちろん、形としてそういうものがあるわけではないですし、「水」のような世界が無尽である、と言っているわけですから、境界線がないんですね。

ここからここまでがタオの世界である、というような有限性がないんです。

福田　ええ、そうなりますねえ。でありながら、「門」というはたらきを象徴的に明言しているわけですよね。そこは、どのように捉えていますか？

内海　『道徳経』の中にはいくつか、そこを読み解く助けになる表現が散らばっているんですけどもね。先ほど第4章では、「タオは空っぽのようで何かに満たされることは決してないけれど、そこは無限のはたらきが出てくるところである」という趣旨のことをお話ししたかと思うんです。

空っぽでありながら無限のはたらきが起こる、と。まずここが、一つの鍵になりますね。

福田　はい。空っぽなのに無限のはたらきですね。しかも、開いたり閉じたりする。まるで呼吸するような感じですね。

内海　そうそう、ドンピシャリ、呼吸のようなはたらきです。老子は第5章で、風をお送り出すフイゴのようなものである、**空っぽでありながら、万物はそこから生まれて尽きることなく、動けば動くほどさらに多様なものが生まれてくる**、という趣旨のことを書いてますね。

福田　フイゴって、鍛冶屋さんとかが使っていたものですよね。呼吸と同じように、フウフウと、内から外に風を送りますよね。そのようなはたらきがタオのはたらきでもあって、そこから万物の生成化育が進んでいくということですか。

内海　そうです。空っぽの内から外に。しかも境界線がないので、無限に広がって発散するようなイメージになりますね。

ちょうど**呼吸のリズムが、内から外、外から内、ということを繰り返すように、タオのリズムは内と外の反転の動き**です。

福田　無限に外に発散されて、ひっくり返って反転して、無限に内に入ってくる感じですね。内と外、内と外と、行ったり来たりするわけですよね。

なんだかあれですね、ほら、お寿司屋さんなんかに行くと、板前さんのお台所とお客さんのフロアの間に、どっちにも行ったり来たりできるような、腰の高さくらいまでの扉があったりしますよね。どっちからも開閉自在なような。

開いて閉じて、開いて閉じて。内から外に、外から内に、行ったり来たり。あんな感じですね。

内海　想定外に、すごく身近なわかりやすいところにたとえていただいてありがとうございます。老子と寿司屋がつながるのもまたなんとも（笑）。

でもまさしく、四次元世界での「動き」のパターンとしてはそういう感じです。

あと加えて言うなら、内は空っぽである、つまり何もない、いわばゼロの時空であるということですね。

漆黒の「玄」の世界で、ゼロのような一点に、無限に広がった外から圧がかかり、それは時間をかけずにそのまま反転し、無限に拡散する。

ゼロポイントの場で、ゼロと無限大が重なり合いながら内と外の反転を繰り返すような、独特なリズム、それがタオのリズムです。

そしてそこから、現象の宇宙の中のリズムへとつながっていく。

福田　時間を超えたゼロポイントにゼロと無限大が呼吸のリズムのように行ったり来たりするなら、内が外、外は内が同時にある感じですね。

ということは、「内も外もない」ということにもなりますよね。内も外も一つになるわけですから……。

内海　そうですそうです。そこはものすごく大事なとこですね。**内が外、外が内になるけれど、時間がない世界の「動き」だから、内も外も一つになっている状態**でもある。

宇宙の外の次元なので、人間の時間感覚とか、物質的な「動き」のイメージだとなかなかストンと腑に落ちにくいところもあると思うんですけども。

万物の根元の真なる動きはそういうものですね、と、ひとまずそれだけ押さえておいていただければよろしいかと思います。

易学のアップデート、新易学へ！

福田　はい。そうなると、そのリズムは、易の世界の一番基本である、陰陽反転のリズムにそのままつながりますねえ。「陰極まって陽、陽極まって陰」という二元の反転の世界の奥には、太極という、根元の一なる世界があります。
一元の太極の世界から二元の陰陽が生じて分かれるわけですが、太極の世界がゼロと無限の反転のリズムになっていることは、易学の基礎の中にも入っていない概念だと思いますね。
内海　太極ってなんとなく、静的なイメージで捉えられがちだと思うんですよ。

でも、究極的に動的な世界でもあって。**ゼロと無限大の静動一如の世界、それが太極**だと、私は位置づけてるんです。

そう思うと、我田引水になりますけども、やっぱりタオの世界と易の世界の明確な融合は、一歩先に踏み込んだ、大事な飛躍かもしれないですね。

「反転」というのが、運命好転学の独自性の、一番のポイントでもありますからね。その動きがそもそも、宇宙の根元のリズムに端を発していると。

そうならば理の当然として、いかにそのリズムに乗って、そのリズムを活用し、奏でるか、という納得感へと、スムーズにつながっていくかと思います。

それは結果的に、運命好転学というものが、より善い人生を送るための一つのツールとして有効性を高める上でも、意味ある補助線になりますよね。

福田　補助線どころか、主軸になってくるものでしょうね。**反転する動き、という自在の振れ幅を持てることで、易占いなどが誤解されやすい「決定論的な運命観」という問題が、根っこから綺麗になくなってしまいます**からね。

さらにそこに、そのリズムを「自由意志」でどう変えていけるか、という要素をしっかりと加えていけるわけですから、素晴らしいアップデートになります。

内海　易学のアップデート、まさしく新易学ですね。

福田　本当に。私としては、五味先生から言われたことが、こういう形で一つ結実できることは、嬉しくありがたいことですね。

もともと易の世界でも、決して運命論的なことを言ってはいないんですよ。天命や宿命というものはあるけれども、その方の命運全体を観たとき、当たる、当たらないという話が、易の本筋ではないと。

「易」自体が、「変化すること」という意味を持っていますからね。変化せずに固定されたものとして、それが当たる、当たらないというのは、かなりずれたものになります。

つまり、**いかに自分の意志で新たに開き、創造していくかと。それが本来、何より大事なこと**なのですよ。

内海　私は、安岡正篤先生の書かれた『易と人生哲学』という本で、「立命」という言葉をたいへん重視されていたのが印象的でした。

たとえて言えば、水面がフラットなタオの世界を、ゼロの水平状態だとして、そこから意志を発したとき、波が立って現象化するような。

「意志によって命《めい》を立てる」ということの一番の本質は、そういうことだと思っています。

それでつなげますと、タオの3つのキーワードの「門」「水」と、最後の一つの「沖氣」という話ができるかなと。

「沖氣」タオの3つのキーワードの最後の一つ

福田　「沖氣」って、ふだん聞かない言葉ですね。また「中」ではなくて、さんずいがついた「沖」なんですね。
あと「氣」の字の構えの中の方も、「〆」ではなくて「米」ですね。大事なところですよねえ。

内海　はい。字の意味合いも大事なところなので少しお話ししますと、「沖氣」の「沖」は本来はさんずい（氵）ではなくて、にすい（冫）の「冲」だという説があるそうです。

さんずい（氵）もにすい（冫）も水を象徴する部首ですが、「冲」は、温度の変化で水が冷たくなって凝固するという意味合いがあるんですね。

あと、調べてみたら面白かったのでちょっとトリビア的に言いますと、岸から離れた水上、とか、空《むな》しい状態、飛び上がる、といった意味合いもあるそうで。

解釈を少し広げれば、ここまでのタオの概念ともつながるなと思ってですね。

タオは現象界という岸から遠く離れた水の世界で、そこは空っぽにして無尽のはたらきがあり、創造のエネルギーが飛び出すところであると。

福田　ほんと、ぴったりですね。しかもね、今、にすい（冫）で「冲」っておっしゃいましたけども、「冲」の字は、易の鑑定の大切な要素にもつながるんですよ。

内海　へえ、そうなんですか。それはまたすごい親和性ですね。どんな意味ですか？

福田　易でも運命好転学でも同じなのですが、十二支を円形に配して鑑定する観方があるんです。円の上が、一番初めの「子《ね》」なら、真向かいのところは円の下で「午《うま》」になりますね。

このように、**支の真向かいに位置する陰陽関係のことを「冲」というんです**。それで、この「陰陽関係」である「冲」を、人生のリズムや年運、人間関係などに対応させて鑑定しますと、たいへん見事に観えてくるものがあります。

内海　それはすごいなあ。まさしく、『道徳経』の第42章にはこう書いてあるんですよ。普通、あんまりここは重視されないのかもしれませんが、私はすごく好きなところでして。

漢文ですとこうあります。

「萬物負陰而抱陽、沖氣以為和」

読み下しは、「**万物は陰を負いて陽を抱き、沖氣以《も》って和を為《な》す**」となりますね。

そのまま素直に解釈しますと、陰陽がそれぞれ、「負う」と「抱く」なので、背中側とお腹側、ウラ面とオモテ面のように、表裏一体になっている。

万物はそのように陰陽表裏一体のものとなっていて、真反対の性質の陰と陽、あるいは裏と表というものが、真ん中で「沖氣」によって結ばれ、和合していると。

ですから「**沖氣**」**というのは**「**和氣・和合の氣**」**であると同時に、陰陽反転させる根源の氣のはたらきを持つところ**でもあるんですね。

福田　あらあら、なんとも綺麗にピッタンコ！　棚からぼた餅！　的に手にすっぽり落ちてくるぐらいに、タオの言葉と易とがピッタリですね。

内海　いやあ、「沖」の一字が見事な接続をしてくれますね。それとですね、「沖氣」の「氣」の方ですが、先ほど福田さんが言われた通り、「〆」が入る「気」ではなくて「米」が入る「氣」ですよね、元来は。

戦後ＧＨＱの政策の中で「氣」の力が喪失させられて、閉じたエネルギーの「気」にされたとも言われるところで。

「氣」の字と、その中にある「米」の意味は、まさしく中心のゼロの一点から、全方位に**無限に発散し、またその一点に収縮する、という、**「**門**」**のイメージと重なる**ものなんですよね。

「沖」の字義じたいに、空っぽにして無尽のはたらきがある水のような世界で、創造のエネルギーが飛び出すところ、という意味合いがあるので、「沖氣」と並べばこれはもう、タオの「門」と「水」の性質そのものと解釈して、全く問題ないと思うんですね。「沖氣」自体がゼロと無限の反転のリズムを刻んでいるわけですが、それは「一なる世界」ですから、そこから陰陽の二元の世界が生じてくる。

それは、陰陽を生み出し、陰陽を反転させ、陰陽を和合させるリズム、とも言える。**一から二を生むと同時に、二を一に和するはたらき**です。

そのタオのはたらきそのものを表したのが、「沖氣」という言葉だと思います。

ここまで押さえられれば、タオ・リズムにおいて、タオの基本的な、かつ最も大事なエッセンスの理解としては十分ではないかなと。

正・反・合の「合」を生み出すウルトラCの次元へGO!

福田　ええ、どうもありがとうございます。「門」「水」「沖氣」という3つのキーワード、頭の中で重なり合って見事に一つにつながった感がありますね。

こういうシンプルなキーワードで老子の Taoism の本質のお話を聞いたことは今までありませんでしたから、たいへん興味深く伺えました。

それに、やはり易学の基本要素とつながり合うもののいろいろと観えてきましてね。

「中」という字とその意味は、もともとたいへん重要なものでもあるんです。「中心」もそうですし、「中庸」とか「中道」とか、言葉としてはそういうことがよく言われますね。

易は中の学問とも言われるくらいですから。

それで易でいう「中」というのもね、やはり、ただ「真ん中」をとりましょう、というような浅い意味合いではなくて。

正・反・合のように、相対立するや矛盾を総合統一して、さらにそこから、新しい進化、創造を生み出すと、そのようなダイナミズムを持ったニュアンスが「中」なんですよ。

それが今日、老子のタオの世界と、中の字に加えてにすい（冫）がついた「沖氣」の概念も伺って、より深いところで落とし込みができました。

内海　そうそう、「沖氣」は、創造のゼロのポイントでもあるんですよね。私の言葉でいうと「反転創発」が起こるところでもあって。

先ほどね、福田さんの人生のドットの話のときに、AでもBでもなくC、という話があったじゃないですか。「笑顔の人」という反転創発が生まれたときのこと。

福田　ありましたねえ。「お葬式の声」と言われたときのことですね。

内海　はい。あのたとえで言うなら、「お葬式の声」が陰で、その逆が、だったら「明るい声」になろう、という陽の世界ですよね。

福田　なるほどなるほど。陰と陽、正と反の関係ですね。

内海　そこで、ただ「中心」とか「中道」っていっても、あんまりピンとこないと思うんですよね。なんと言うか、創造性があまり感じられない。例えば現実的に、「お葬式の声」と「明るい声」の「中心」ということを、同じ次元で考えても、なんだかよくわからない。

福田　「明るいお葬式の声」ですね（笑）。確かになんだかわかりませんね。だからこその「反転創発」、正・反・合の「合」を生み出す、ウルトラCの次元へGo！　ですね。

内海　まさしく（笑）。ウルトラCにGoして、笑顔人生スタートでしたものね。

いやホントに、運命好転学の一番の鍵って、そういうところにあるんじゃないかなと思うんですよね。

二元世界のリズムの外に、心がポンッと出られてしまうという。

そういう具体的な事例を考える上でも、やっぱり、こういうTaoismのように、深い本質や法則性のある概念というか、イメージの枠組みを持っておくと、いろんな局面で応用しやすくなるのかなと思います。

福田　その通りですね。だからこそのタオ・リズム、ですね。

おかげさまでだいぶ話も深まりましたが、もう一段進んで、Taoismから「タオ・リズム」へのコンセプトの橋渡しを、さらに進めて参りましょうか。

水のように自由に、
水のように自在に。
方円の型を結んではほどき、結んではほどく。
変幻自在の妙なる心。
宇宙の呼吸を司る、タオのはたらき。

UTSUMI

FUKUDA

立ち位置が決められて矢を射る
「地の時代」から
「風の時代」は羽をつけて
自由自在に飛びながらしっかりと
心を射止めるキューピッド！

純真無垢で心に曇りなく
どんな人とでも素直に関わりながら
しっかりとハートを射止めて
響き合う生き方の時代です

第3章

タオイズム（Taoism）から
タオ・リズム（Tao・Rhythm）へ

「仕事」の前に人類共通の「志事」がある

内海　さて、老子の話がだいぶ本質的なところでしたので、もう少し現実に寄せていきましょうか。

改めてですが、「タオイズムからタオ・リズムへ」ということで。

私たちがどういう意図で、どんな意味や想いを込めてこの言葉を作り出したのか、ということ。

福田　そうですね。それと、タオ・リズムという言葉と、その意味合いを知ることが、どのように、うっかり幸せになる人生につながっていくのか。そのあたりの味わいを、楽しく深めていけたら良いですね。

内海　はい。まず私の方から改めて、このタオ・リズムというコンセプトの目指すところをシンプルに一言でお伝えするとですね、「善く生きる」ための智慧、だと思っているんです。

人は誰もが、自分の一回きりの人生を、より善いものにしていきたいと願っていると思うんですね。

だから、人生のいろんな場面で、いろんなテーマで、様々に、ノウハウとか、方法論とか、心のあり方についての情報知識が出てますよね。

福田　そうですね。心のあり方、健康のこと、人間関係のこと、お金のこと。それに、仕事のことや目標達成、願望実現や生きがいのことなどなど、たくさんありますね。

それと鑑定をしていると、本質的なところでやはり、自分の生まれてきた意味や、今世での因縁やカルマや使命のことなど、そういうところに大きな気づきを感じられて、生き方そのものがびっくりするくらいガラッと変わるような方も多いですね。

内海　そうでしょうね。一人の人間が生まれて死を迎えるまで、一回きりの、オンリーワンの人生を「善く生きる」ということを考えると、現実的なところから本質的なところまで、実にたくさんの要素が重なり合ってきますものね。

福田　第1章で、「人生を一つの映画のようなものとして捉える」というお話をしましたが、一つの映画のストーリーにも、リズムがあると思うんですね。

ほっとさせるシーンもあれば、深く考えさせるシーンもある。感情が揺さぶられるシーンもあれば、ハラハラと手に汗握ったり、もうダメだって絶望しそうになるシーンもある。

そうやってリズムの強弱を刻みながら進んで、映画の場合はエンディングは様々ですけども、人生のエンディングはやはり、ハッピーエンドが一番善いですよね。

内海　はい。そのように、**人生映画のリズムを様々に主体的に味わい尽くして、ハッピーエンドを迎えるための智慧。それが「善く生きる」ための智慧、タオ・リズム**かなというところですね。

福田　その通りですね。私はね、笑顔人生を語るとき、よくこのように言うんですよ。事に仕える「仕事」の前に生まれて死ぬまで私たちが目指す「人類共通の志事があることをご存知ですか」と。それはこの相対二元の人間界で皆一様に「**泣いて生まれて笑って死ぬことを志事《しごと》としている**」と。生まれるときに、泣いて生まれてこない赤ん坊は、普通いないと思うんですね。

自分はオギャアと泣いて生まれてくる。その泣き声を聞く両親はじめ周りの人は、新しい生命の誕生を祝い、喜び、笑顔で迎えてくれるのです。

内海　その人生観って素敵ですよね。泣くと笑う、っていうはっきりした感情や行為は、地球上の生命の中で、人間として生まれたことの特権だと思うんですよ。

動物も悲しかったり嬉しかったりはするんでしょうけども、人間みたいにハラハラと涙を流す生き物っていないですし、ゲラゲラと笑い声をあげてる動物もいませんものね。

それで、嬉し泣き、っていうこともありますけども、まあだいたい泣くときっていうのは、悲しくて泣いていることが多いですよね。陰陽でいうなら、陰の方というか。それも一つの陰陽のリズムかなと。

「泣いて生まれて笑って死ぬ」

福田　そうですね。泣く方が陰としたら、笑う方が陽、という陰陽関係で見て取れますね。

ですから面白いのは、泣いて生まれるときは自分が陰で、喜んでくれる周りは陽。

そして、では死ぬときは、誰もが微笑んで旅立ちたいと願っているでしょう。ここが一つ、大事なところで「泣いて生まれて笑って死ぬ」を一言で言えば「悟ること」しかし、**私たちは人里離れて修行をするお坊さんではないので社会で暮らす私たちの悟りは人間関係での悟りです。**

「人と会うということは自分自身と出会うということ」つまり「あなたと私は何の差もありません」と差を取る「差取り」なのです。

この世に未練や後悔など残さず綺麗に生き切って、人間関係学を学び納めてこそ笑顔で旅立つことができるのではないでしょうか。

その穏やかな顔を見て「惜しい人を亡くした」と周りがすすり泣く姿は究極の陰陽関係ですよね。

内海　となると、陰陽関係で見れば、自分がどうあるか、というところで。自分の死に際して、「笑って死んで」の状態とするなら、陽の方ですね。今世、善い人生だったと、笑顔で自分の人生のハッピーエンディングを迎えられたら善いな、と、そういうことになりますね。

福田　その通りです。

「泣いて生まれて笑って死ぬ」と。**この陰陽関係の落差。この落差が、私が言う笑顔の本質の一つ**なんです。

ひとまずここでは、泣いて生まれて笑って死ぬ、その陰陽の反転の落差の中に人生映画がある、「善く生きる」「笑顔で生きる」人生があると。そのポイントをお伝えしたいのですね。

内海　なるほど。そうするとですね、こんな考え方ができるかなと思うんです。

自分の人生を「(笑顔で) 善く生きる」ために、易の基本原理でもある陰陽関係というものを意識するとしますよね。

そのとき、最初と最後の一番大きな陰陽関係の落差は、泣いて生まれて笑って死ぬ、と。自分の状態も周りの状態も、見事に陰陽反転しているわけですね。

そして、その一番大きな陰陽の反転のリズムの間、つまり人生100年としたら100

年の間に、たくさんの陰陽反転のリズムがある。

その時々の人生のリズムや落差をいかに味わえるか、楽しめるか、笑顔であるかと。

タオ・リズムというコンセプトを自分の意識空間にインストールする意味は、まず生きる上での主体的な心のあり方として、現実的に役立つものだと。

まずは大きな括りとして、そんなふうにまとめられますよね。

福田　はい、そうですね。まずは人生全般を大きく摑んだときの意味合いを、言葉にしてまとめていただいてありがたいです。

内海　福田さんからポンと出てくる言葉は哲学的な意味合いがすごく深いですからね。

タオ・リズムのシンボルマーク

内海　今のお話と、タオ・リズムのコンセプトをよりイメージしていただく上でね、この、象徴的な図柄、これの意味合いを共有させていただきましょうか。

福田　ええ、そうですね。タオ・リズムのシンボル。デザインとしてイメージを共有しているものがあると、言葉だけよりもコンセプトが伝わりますものね。

内海　一般的に、陰陽図って言いますと、丸の中に勾玉みたいな陰陽の形がそれぞれ半分ずつある図が多いと思うんですね。

そして、それぞれ陰の中に、陽を意味する小さな白丸があり、陽の中に、陰を意味する小さな黒丸があると。

でもあの図ですと、**陰陽関係の本質が常に絶えざる「反転の動き」にあり、それは無尽の進化発展につながる**という本来のイメージが、ちょっと薄れてしまうのではないかなと思います。

さらに言うと、陰陽の根源まで含めた陰陽太極図の中には、中心に小さな丸が描かれているものがありまして、それが実は、先ほどお話ししたタオの世界、老子の門の悟りと、そこに隠れた宇宙全体のリズムを直観する上では、たいへん大切な要素になる。

そういう意味合いを含めて、この図は出来上がっていますよね。

福田　はい。こちらのデザインの作家は、このヒカルランドから出版の私の本『ミロクの響き』の表紙を描いてくださった鹿児島にお住いのミロクアーティスト萩原貞行

ミロクアーティスト萩原貞行氏
デザイン「タオ・リズム」

さんです。この方はフラワーオブライフをはじめ非常に精神性溢れるアートを描かれる方なんです。

まずこのタオ・リズムのマークのバックに描かれた宇宙的な世界は、第1章でお話しした27歳の7月7日の夢をヒントに描いてくださいました。

「世界中の人と手をつないでいる私が、ふと気づいたらそれは私の中の一つひとつの細胞だった」という夢のイメージを背景にして描かれた新たなタオのマーク。

今内海さんがおっしゃったように、デザイン的には、一番中心に小さな○があって、そこから易でいう陰陽両義が生じるわけですが、ここではそれを二つの螺旋の流れで表現しているんですね。

右回りの螺旋と、左回りの螺旋。

そして、易の八卦を象徴する8つの回転の流れと、その中に、木火土金水の五行思想を象徴する、5つの要素が展開する。

これらが一体のものとして常にリズムを奏で、動き、流れているような、そんな感覚のデザインですね。

内海　はい。この図から直観的に汲み取れるポイントはいろいろと表現できますが、まず一番基本になるのは、やはり中心の太極、タオを意味する小さな○ですね。

ここから宇宙の全てが生まれ、リズムが奏でられる起点になるわけですから。

たとえて言えば、宇宙全てが響き合いながらリズムを奏でる壮大なオーケストラだとしたら、その全体を指揮する中心の指揮者のようなところですね。

タオから生まれる現象の全てのリズムの中心点でもありますし、水と波のたとえで言うなら、澄み切ったゼロの水面から生まれる全ての波、波動の生まれるところでもあると。

福田　陰陽太極図は世の中でよく目にすることがありますが、一番真ん中に小さな○が入っているものって、実はほとんど描かれることがないんですよ。

陰陽太極図、と言いながらも、実際は陰陽図と同じで、陰と陽のデザインだけで描かれることが多いんです。

でも本当は、宇宙全体に通じる仕組みを活用する上でも、この真ん中に小さな点のような○、これはたいへん重要なものなのです。

そこのところをタオ・リズムではははっきりと取り入れて、コンセプトにしていきたいですね。

内海　そうです、そうです。この小さな○があるかないかで、深みが全く別次元に変わってきますので。

ここ、タオ・リズムのコンセプトとしてすごく大事なところなので、ちょっと理屈っぽくなりますが、いくつか補足してもよろしいですか。

福田　もちろんお願いします。

理屈も大歓迎。右脳と左脳、直感と論理、どちらも大切です。

右手と左手、真反対を合わせてピタリと一つの合掌の形になるように、それが幸せの智慧ですからね。

無限が無尽に満ちているゼロ・ポイント・フィールド

内海　ありがとうございます。ちょうど、右と左、陰と陽のように、真反対のものを一つにするのは、老子がいう「沖氣」、和する氣、タオのあり方ですね。

この図の真ん中の小さな丸はまさしく、先ほどの Taoism の3つのキーワード、「門」「水」「沖氣」の全てを象徴しているものです。

ですから**ただの○ではなくて、門のはたらきのように、あるいは呼吸のリズムのように、内と外、外と内を行ったり来たりする「動き」**を象徴しています。

しかも、時空間を超えた「宇宙の外」での造化のはたらきですから、観測できる有限のエネルギーとか物理量があるわけではありません。

ゼロ・ポイント・フィールドという言葉が意識開発の分野などでもよく聞かれるようになりましたが、それに重なるところですね。

何もないところに全てがあると。空っぽのゼロのところに無尽が、無限が満ちていると。そして、そこはフイゴのような「動き」に満ちていて、そこから天地万物が生じると。

先ほどお話しした、老子のそういった概念が集約されているシンボルが、この中心の◯になりますね。

福田　なるほど、行ったり来たりするところ、ゼロと無限の反転のリズムのところですね。**なーんにもないゼロでありながら、内と外・ゼロと無限が反転する動きがありながら。でも、なーんにもないゼロなので、内も外もなく、何も起こっていないような。宇宙の外の次元、摩訶不思議な根源のはたらきの、不易の世界ですねえ。**この世は変化そのものを除いて全てのものが変化しているわけですが、クルッと反転できる動き、変化そのものの位置はまるで忍者屋敷の壁のようですね〜。

内海　そうなんですよね。人間の普通の感覚だとちょっとハテナになってしまうんですが、まあ、そういう次元の世界があると。

ちなみに科学、とりわけ物理学や数理の世界においても、この根源の世界をなんとか記述しようという、様々な理論や仮説があります。

今日はそういう話の場ではないのでさておきますが、いずれにしろ、この根源の「一なる世界」から、陰陽という二の世界、二項対立的な世界が生じてくる。

これは、物理科学でいう対称性の自発的破れということや、素粒子の対生成、あるいは引力と斥力といった力の構造、プラス・マイナスの電荷や右旋左旋の粒子のスピン構造のような現象にも通じていくものだと、ひとまず大まかにお伝えしておきますね。


福田　ありがとうございます。私はね、「あ・うん」ならぬ、「あ・ほう」で、直観的に物事の本質を摑むようにしてきましたのでね（笑）。

結局、宇宙に満ちるリズムっていうのはシンプルなんですよね。ものすごくシンプル。だからこそ、奥が深い。どこまでも深いですよね。

易学ではそういった森羅万象に通じる普遍的なはたらきとして、「陰陽関係」ということがそれはもう最大のカギになるわけですが、**タオ・リズムというものも突き詰めれば、タオ、あるいは太極の「ゼロと無限のリズム」と、「陰陽関係の反転のリズム」**。

これさえしっかりと自分の感覚に深く落とし込んでいただければ、もうあとは、時に応じてスイスイと、操縦できて、物事の捉え方、世界の見え方が、自由自在になっていくと思いますね。

内海　そうなんですよね。いやホントに、シンプルと言えば本当にシンプルなことなので、福田さんの言われる通りなんです。

古事記の宇宙創造と空海の視点

内海　あれこれ言葉を尽くすから、より思考がはたらいて、ああでもない、こうでもない、となったりするわけですからね。
そういう意味では、例えばこのデザインを見て、ああそうか、タオ・リズムとはそういうことか、と、ある意味女性性的に、直観的に摑んでいただければもう十分なのです。と、言いつつも、今日のところは理屈面の担当として、もうちょっと付け足していきたいなと（笑）。

福田　それはもちろんどうぞどうぞ。博士お願いしますよ（笑）。シンプルなものをより多様に多彩にするのは、やはり言葉の力ですから。
言葉にする、言葉にして共有することで、より細かく丁寧な意味合いや奥行きが広がるのは間違いありませんからね。

内海　どうもありがとうございます。この中心の◯、「ゼロと無限大がリズムを持ちつつも真空で拮抗している場」から宇宙が生まれるわけですが、これは別に老子のTaoismだけに限られた宇宙観ではなくて、普遍的な理《ことわり》であると、そう考えてみていただくのが良いかと思うんですね。

もちろん、その普遍性は誰がどう実証したんだ、学術的にどうなんだ、というような話になると、まだまだ時間をかけて専門家同士で議論されたら良いと思うのですが。

そういうことも大切な一方で、でも日常を生きている私たちからすれば、ここまでお話ししているように、それがどう自分の「善き人生」につながるのかと、そっちの方がはるかに大きな意味を持つと思うんです。

福田　知的な探求と、人生への実践や活用の両面を、同時並行で、というところですよね。

内海　はい。ということを前提にして、普遍的な理としての派生で、二つの視点を福田さんとも共有したいのですね。

一つが、神道的な視点で、もう一つは、仏教的な視点。もう少し限定して言いますと、古事記の宇宙創造の視点と、仏教の中でも日本の真言密教の開祖、空海の視点です。

福田　それはそれは。老子や易学からさらに多面的な角度になりますね。

「万教帰一」全ての教えはもと一つ、まさに全ての道は笑顔に通ずですね。

内海　そうなのです。つまりは、本質的には同じ話をしたいんですよね。先ほど福田さんが言われたように、宇宙のリズム、宇宙の普遍的法則っていうものはたいへんにシンプルに捉えることができるし、そのシンプルな智慧こそが、複雑な事象にも応用しやすい。

じゃあ、そのシンプルなタオ・リズムの智慧を、自分ごととして自分の人生に活かすとしたときに、老子と易の世界観だけよりは、もうちょっと違った角度から入った方が摑みやすい側面もあるかなと。

ポイントとしては何が言いたいかというとですね、自分の人生設計図は自分が描いてきている、ということです。

言葉をもっと直接的にするならば、**自分が自分の人生、自分の宇宙の創造主であると。それが、通常の易学やTaoismと、タオ・リズムの明確な違い**でもあるので。

福田　あぁー、そのポイントですね！　それで、神道と空海ですね、なるほどなるほど、言わんとしていることがわかりました。

内海　ピンと察していただいてどうもありがとうございます。何しろ福田さんも、5歳の頃から天寿国、つまり仏教でいう極楽のことですが、そういう感覚を言葉にしていたり、弥勒菩薩にご縁があったり、各地の神社で奉納や祈りをしたり、縄文の心を語られたりされているので、このへんの要素がタオ・リズムに含まれていることは、言及しておきたいなと思ってですね。

福田　確かに確かに。**タオ・リズムと言っても、別に中国の思想や学問だけに限定された**

ものではなくて、まさしく普遍的な宇宙の法則のことですからね。

　であれば、私たちは日本人ですから、日本的な視点も交えてみた方が、よりふくよかなコンセプトになりそうですね。

内海　はい。老子はあまり一般的に馴染みがないこともありますのでね。
　それで、これは面白いもので、同じ図柄でも単語が変わるとまるで別物のように感じられる向きもあるかと思うのですが、タオ・リズムの**この図の中心の◯は、神道的に古事記の神々の物語につなげるなら、宇宙の造化の神々**ですよね。

福田　そうなりますね。あめつちが生まれる前ですからね。

　高天原での天地開闢に際しての、造化三神のくだりになりますね。その中心は天之御中主神《あめのみなかぬしのかみ》、そして、高御産巣日神《たかみむすひ》と神産巣日神《かみむすひ》。「むすひ」の神々ですね。

　そこから、どんどん陰陽の対の神々が生まれて、イザナギ、イザナミが生まれるまでが、日本神話の冒頭の流れですね。

　そうして、アマテラスやスサノオの話につながっていくという。

「むすひ」がタオ・リズムとつながる

内海　はい。近年、静かなる縄文ブーム、古神道ブーム、神代文字ブームみたいなものがあると思っているのですが、細かなことはさておきまして、この宇宙創造の神々と、万象を生み出す結び、古語で濁らずいうと「むすひ」のはたらき。

実はこれも、タオ・リズムとつながりますし、日本の精神文化は道の文化ですから。

老子のいうタオと同じ意味ではないとしても、やはり道を歩む、道を極める、ということが、日本人の生きる姿勢の中心軸にあるんですよね。

ですから**タオ・リズムというのは、捉え方を変えるなら、日本の神道的な精神性と直結した生き方の智慧**でもあるかなと。

福田　そうですね。縄文以来、この日本列島に住んできた人々のＤＮＡに深く刻まれた大和の精神性は、天地自然と和し、人と共同体と和しながら、道を歩む、道を極める、ということがあると思います。

大きく和するということは、響き合って一つに調和する、ということだと思いますからね、天地自然のリズムと人のリズムが一つに結ばれていくという。

そしてそれは、何も特別なことではなくて、自分の人生の道、「人生道」を歩む、ということにも通じるものなんですよね。

小さい頃によく、お天道様が見てるぞ、と言われたりしましたが、**天道という宇宙の響きと自分の命の響きを和そうとする。**

そういう感覚が、長い文化に育まれて、日本人の中には日常に、自然とあるのですよね。

内海　お天道様、って、言うなれば神様みたいなものだと思うんですけども、日本人がいう「カミ」というのは、後の一神教的なゴッドとはそもそも違いますものね。

もともと全てが「カミ」であり、全てに「カミ」が宿っているという宇宙観、世界観なわけですから。

そのように全てが「カミ」であるなら、自分自身の人生も、「カミ」の歩み、としての道のリズムになり、それは「人生道」ということになる。

要するに、**「カミ」そのものが自分自身でもあるとするなら、自分が自分の人生、自分の宇宙を創造している中心の主体である、**ということは、本来の縄文日本文明的な感覚からすれば、ごく自然なことだと思うんですね。

福田　その通りですね。同時にそれは、やはりタオ・リズムや運命好転学の、最も大切なポイントでもあります。

生年月日はニュートリノが自分の細胞をどのように通過するかを記す重要な情報で、生まれたときには自分の人生設計図を描いて生まれてきたのは誰だと思いますか、「あなた自身なんですよ」と。そのことに気づくことが、運気の良し悪しにこだわるより、比べ物にならないくらいに大事なんですよ、と、そういったお話をよくするんですよ。

それは、私が運命鑑定をする主目的の一つでもあるんです。

鑑定を通し、自分の人生設計図の秘密を読み解く技術を得ることを通して、なんだ、自分の人生は自分が創造しているんだと、自分が自分の宇宙の創造主なんだと。そのように目覚めていく、覚醒していくことのお手伝いができればという気持ちでやっているんです。ですから、内海さんが言われたことはよくわかります。

鏡《カガミ》から我《ガ》を抜けば神《カミ》=自分

内海　そこはやっぱり、福田さんの運命好転学が、一般的な占いや易学と異なる最重要のポイントですよね。

「Taoism からタオ・リズムへ、ということを考える上で、そこは繰り返し強調したい点だなと思うんです。

老子のTaoismでも、自分が宇宙を創造している主体なのだ、ということははっきりと言ってないですから、言うなれば、Taoismのアップデートの要点でもあるかなと。

福田　なるほどですね。その点では、縄文からの日本の神道的精神性というのは、やはり、運命好転の智慧に近いですね。現象は自分の心の鏡であり、現れであると。

鏡として現れている現象の中から、我を抜けば、自分自身が「カミ」であったと、ハタと気がつくと。

「カガミ」から「我《ガ》」を抜いたら「カミ」とよく言われますが、本当にピタリと言い得て妙ですねえ。

内海　そうですよね。そういう感覚を、薄く広く、私たちは持っているんだと思うんです。だから、もう一歩、明確に、はっきりとそれを自覚して、そこからさらに、じゃあ「カミ」としての自分はどんな人生設計図を書いたのだろうと。

我を抜いてみて、我の外、宇宙の外からの視点で、宇宙という舞台で繰り広げられる一つの人生ストーリーを俯瞰してみる。

そんなイメージでも良いのではないのかなと思います。

福田　その視点は良いですねえ。宇宙の外からの視点で、一番大きく眺めてみる、と。

その視点を最初にセッティングしてから自分の運命好転図を捉えてみたら、気づきの質や深さといったことは、間違いなく変わっていきますね。

内海　きっとそうだと思います。私がいう悟りの智慧というのも、何も特殊な悟りの体験をみんなが追い求めましょう、ということではなくてですね。

特殊な悟りの体験って、なんとなく憧れを抱く人もいるかと思うんですが、それを追い求めることは、現代人の通常の人生の中では、現実的な選択肢としては適さないと思うのです。

でも、**悟りの智慧というものは、あくまで共有可能な智慧ですから、それは柔軟にいろんな捉え方ができますよね。**

今、こうしてお話ししているみたいに、対話を通して概念が広がる、気づきが広がる、何か新たな直観がはたらく、そういったことは、悟りの智慧の効能だと思うんですね。

神様、仏様を「拝む」方向から「背負う」へ反転させる

福田　内海さんが悟りの智恵をアップデートして伝えていらっしゃる世界と運命好転学が一つになると新たな教育産業化ができますね。

そういう意味でタオ・リズムはまさしく、悟りの智慧の応用。悟りと言えば仏教ですが、

先ほど言われた2つ目の、空海の視点、こちらはどのような意味合いですか？

内海　はい。宇宙の根源を神道では天之御中主神と位置づけますが、密教を修めた空海の視点で言えば、宇宙の根源は大日如来ということになるんですよね。

そして、この現象界の全ては、大日如来の働きの現れであると。

それでですね、神道にせよ仏教にせよ、神様とか仏様のこうした名前で呼称されますと、一般的には、私と神様、とか、私と仏様、とか、いわゆる**自他分離の二元論的な捉え方**になると思うんです。

福田　そうですね、私があって神仏があると。逆に、私は天之御中主神だ！　とか、我こそは大日如来だ！　とか声高に言う方があれば、ちょっと固定された観念になってしまいますよね。

内海　そうなんです。それで、なかなかに際どいところでもあるのでこうしてあえて言及しなくても良いのですが、私と福田さんの共通の一つの想いとして、良い意味で、今までの宗教の次元の時代はもう超えていきましょうよ、ということがあると思うので、ここは要点だけでも触れておいた方が良いかなと。

またそれが、タオ・リズムの真価にもつながると思うのですね。

福田　そこは確かにね、とても大事なところですからね。そこで私は「太陽を拝み、神様仏様を拝む側でいるのをやめませんか？　これからは太陽を背にして神仏と一体化して天照す側で生きて行きませんか」とこんな提案をしているんですよ。

神様とか仏様とか、今までは、その対象を拝む方向だったと思うんですね。いろんな宗派が出て、それぞれの宗教の中での正義感が、時として争いを招いたことも少なくありません。それは月を観ていると思っていたら月を指している指しか見ていなかったようなものです。

しかし私たちは「平和がいい、愛がある方がいい、優しい方がいい」など、みな一様に答えを知っているのです。だから向きをクルリと180度変えて、拝むのではなく、背負う向きに変わることが大事だと思うのですよ。

イメージとしては、例えば太陽を拝む、お天道様を拝むのではなくて、太陽を背負う、お天道様を背負うようにね。

そうして、**背負った力とひとつながりになって、より主体的に、はつらつとした心のあり方で人生に臨む**、と。私はそのようにお話しするんです。

内海　拝む向きから反転して、背負って一つになる、ということですよね。もう、そのものズバリですね、私が言いたいことも、そういうことです。

福田　あらそうですか。拝むと背負う、では今ここのあり方が全く変わりますよね。それでピタリと来るようであれば、良かった、良かった、ですねえ（笑）。

内海　いやあ、わかりやすいですよ。拝む向きって、まさしくこう、対峙する感じなので、正面切って分離した状態みたいな感じのイメージですよね。

神仏を拝むときも、まさしくそのような向き合い方になる。

そこで、拝むのやめて背を向けましょうとなると、人間的な感情論とか倫理道徳的な視点でいうと、神仏に背を向けるのか、という感じになってしまうかもしれないですけども。

でも、**「二元論的に対峙する分離意識」を反転させて、私をなくして神仏と一つになる**っていうのは、実は全く怪しい話でもけしからん話でもなくて、そういった様々な心の修養の世界の、到達点とされる境地でもあると思うのです。

福田　まさしくそうですね。神人が一如になる世界というのは、縄文以来の惟神《かんながら》の道の、理想的なあり方でもありますからね。

そして仏教でいうならば、ああ、そうか、そこで空海の登場なのですね。

空海の「即身成仏」との共通点

内海　はい。空海は、「即身成仏」ということを喝破しましたので。

この身そのまま、即、仏であると。真言密教的にいうなら、大日如来と一つであると、そういうことです。

そうなるとですよ、別に、私は大日如来である、あるいは少なくとも大日如来の一部である、と言っても何も問題はない。

問題ないどころか、本来そうであるし、迷いの心を吹き去って心を開けば、今ここでそうであることに気づく。それこそが悟りである、ということになる。

同様に、宇宙の根源とひとつながりになることを神道の言葉で、私は天之御中主神である、と言っても、まさしくそうですね、と、むしろたいへん喜ばしいことになりますよね。

福田　本当にそうなのですよね。言葉やそれに付随するイメージというのは、なかなかに厄介な側面がありますけども、今おっしゃったように、古今東西の様々な教えがあって、その表面的な言葉や説明の仕方の違いというものを丁寧に吹き去っていったとき、共通して現れてくる普遍的なところというのは、同じものなのですね。

老子でいうなら、宇宙の根源である水のように、まさしくタオそのものになること、それが理想のあり方である、となりますよね。

それらは、言葉は違えど全部通じ合うものであると、そういうことでしょう?

内海　はい。ですから、福田さんが言う、拝む向きから反転して、背負って一つになる、と。その一言に集約されてしまうのですけども（笑）。

それはつまり、自分が宇宙を創造するという主体性に気づく、という意味につながりますよね。

その自覚を前提として初めて、本当の意味で自分が自分の人生の設計図を客観視できて、タオ・リズムを奏でられると。

だいぶん説明っぽいことが長くなってしまいましたけど、ここはやっぱり外せないところなので、お付き合いいただきましてありがとうございます。


福田　いえいえ。本当に、要となるところでしたね。

それとね、付け加えますと、依存して拝むということとは違う意味で、やはり神仏の働きに感謝して拝むという意味では、例えば神社とか、仏像とかですね。

そういうものに手を合わせ、拝む、あるいは自らの意志を乗せて通じ合う、そういうことは大事だと思うのですが、そこはいかがですか？

内海　それはその通りだと思いますね。宮本武蔵じゃないですが、神仏を尊びて神仏を頼らず、ということで、どちらも大切だと思います。
水と波が一つであるように、現象界の視点と、本質から見た視点と、どちらも両方一つのものとして大事だと思いますので。

一方では、自分が宇宙の創造主であるという自覚に立って、神仏に依存したりしない。同時に、ある意味で他者に対する敬意や礼節のように、目に見えない何かのはたらき、それは必ずしも神仏といった概念だけでなく、もっと柔軟な意味での天地自然のはたらきや大いなる意志という捉え方でも良いと思うのですが、そういうものに感謝や畏敬を捧げる。

それは一見矛盾することのように思われるかもしれませんけど、**コインが表裏一体であるように、どちらも同時に一体のものとして大事にすべきこと**かなと思います。

そう思うことで、全てのものを笑顔で包み込めますものね。

「固定」「分断」「衝突」のイズムから「自在」「上昇」「反転」のリズムへ

福田　さてさて、ここまでだいぶんまた深い話になりましたが、タオ・リズムについて、もう少し違う角度からお話ししたいことがありますね。そちらの方に移ってもよろしいですか？

内海　はい。どうぞお願いいたします。

福田　タオ・リズムというのはね、自分の人生において、現象をどう捉えるか、現象とどう向き合うか、という、誰もが日々直面する出来事に活用するとたいへん役に立つ智慧だと思うのですよ。

それは、ここまでお話ししてきたように、自分の一番深い本性《ほんせい》が、自分の宇宙を創造する主体であるということを出発にしますね。

その出発の世界、根源の世界を、タオと呼んだり太極と呼んだり、あるいは神仏の名称で呼んだり、例えば真我と呼んでみたりと、呼び方は様々で良いと思います。

大事なことは、その宇宙の根源の指揮者たる自己の自覚に立って、どのように自分のオンリーワンの人生のリズムを奏でられるかということなのです。そこで私は、キーワードとして**「頭を使うのであれば超感知型招福突破活動《ちょうかんちがたしょうふくとっぱかつどう》タイプになろう」**ということを提案し、このことを略して「**福活**」と言っています。

それと、タオ・リズムのコンセプトを仲間たちと話して、3つのキーワードでまとまりましたよね。

そのへんのことをつなげてこの章のまとめにしていければなと思いますが……。

内海　そうですね、そうしましょう。

タオ・リズムの3つのキーワードは、「自在」「上昇」「反転」ですね。

これと、福田さんの「超感知型招福突破活動」の意味合いのピントが重なれば、万々歳になりますね。

じゃあ、その話でまとめていく前段として、改めてですが、「イズム」と「リズム」という言葉の解釈を少し挟んでからでよろしいですか。

その方が、イメージが摑みやすくなるかなと思いまして。

福田　タオイズムとタオ・リズムの違いに通じるところですね。よろしくお願いいたします。

内海　はい。一般的に、「イズム（ism）」っていうのは、「～主義」って訳されると思います。資本を意味するCapitalにismがつくと「資本主義」となり、社会を意味するSocialにismがつくと、「社会主義」になると。

一方、仏教はBuddhism、道教はTaoism、といった具合で「主義」とは訳されないですが、ニュアンスとして、何か一つの、固定した教え、のような感じになると思うんですね。

そして、例えばその人の中で、「イズム」が強化されてゆくと、マイナスの側面として、固定や分断、衝突という問題が起きやすくなってくる。

「私は～主義だ、あいつは～主義者だ」といった具合に、固定の視点というものは、そういう意味で、対立や不和の種にもなってきたと思うんです。

福田　そうですね。結果として、人と人の協調や協力関係を壊したり、共同体や自然との調和も損ねたりといった具合になってきましたよね。

内海　そういう文脈でいくと、Taoismというものも、一つの教えとして枠をはめられてしまう側面もあったのかもしれませんが、タオ・リズムはそういう枠を超えて、大きく和して包み込んでいけるコンセプトでありたいなと思うんですよ。

福田　それで、「イズム」から「リズム」へ、ということを話したのですものね。「イズム」が悪いわけではなく、それはぼた餅と桜餅のようにそれぞれの個性であり特徴なのだけれど、どちらも和菓子でしょ、と。その、大きな共通の受け皿といいますか、**大きく包んで活かし合える和の力、和力が必要**なのですよね。

内海　はい。それで、固定、分断、衝突を生む、「イズム」の時代から、共振、共鳴、共奏を楽しむ、「リズム」の時代へ、ということをタオ・リズムのコンセプトとして。違いを包み込み和力、ケンカをおさめる和菓子でありたいなと。

それを前提で、話を戻しますと、「自在」「上昇」「反転」というキーワードにも、もちろんつながるものですね。

また意識の操縦法や人生の操縦法にもつながりますし、「超感知型招福突破活動」ということとも重なりますので。

福田　そういうことになりますね。

「超感知型招福突破活動」というのは柔らかいたとえ話で置き換えますと、羽のついた天使、ということなのです。

天使には普通、羽がついていると思いますよね。それで、キューピッドちゃんのように、空間を自由自在にクルクルと飛び回って、立ち位置を固定して定めず、どこからでも矢を放って、的に当てることができます。

ところがね、もしもちょっと残念な天使がいて、羽がついていないとしたらどうでしょうと。

地面をテクテクと歩くことはできても、地上という立ち位置から離れることはできず、だいぶ不自由に制限されたりしますね。

そうではなく、羽がついて、軽やかにパタパタとリズムを刻んで自由自在に飛び回り、ここぞというところで矢を放つと。そのように、羽のついた天使のような思考のあり方が、「超感知型招福突破活動」でもありますね。

内海　羽のついたキューピッドと、「超感知型招福突破活動」という漢字の羅列のギャップがすごいですね（笑）。

でもイメージ的にわかりやすいですね。

ちょうど、地面、つまり二次元の平面しか移動できない天使と、空へと上昇して自由に飛び回って、空間の３次元を思うままに移動できる天使、といった感じですよね。
タオ・リズムの３つのキーワードと絡めるなら、まさしく「自在」であり「上昇」ですね。
あとは、立ち位置が固定されない、特定の思考のフレームにはまらず、視点をいつも軽やかに「反転」できる、とくれば、まさしくピッタリです。

福田　あらホントですね。綺麗につなげていただきました。私も日々ね、内観したり内省して自分の意識や思考を観るようにしていますが、知らず知らずやはり、ものの見方が固定したり、パターン化してしまうんですよ。
ある意味、「純子イズム」といいますか、私なりの固定や固執があったりもして。

内海　それは私もそうですよ。人間の脳や意識の仕組みとして、それは誰にとっても仕方のないことだと思います。シナプスの接続する道がパターン化しやすい、とでもいうのか、**万人が万人の「イズム」を持っている**と思います。
何度も踏みしめた道の方が歩きやすいし馴染みもあるので、無自覚的に、そちらの道に思考が走っていくんですよね。

福田　だから、意識的に自分を客観視して、リフレーミングする習慣をつけないといけなくて。心理学的にもね、メタ認知とか自己認識とか、そういうことはよく言われるようになっていますよね。それはいかに、無自覚の自分の「イズム」から自在でいられるか、ということにつながるのでしょうね。

仏教では、偏った小さな自分の分別智に執着することを、やまいだれがついた「痴」として、怒り・むさぼりの心と合わせて三毒、と呼びますよね。

これは、羽のついた天使の真逆の心の状態とも言えると思います。

自分に固執しているから「自在」性がなく、「上昇」した客観的な視野も持てず、ものの見方を柔軟に「反転」させることもできない。

結果的に、楽しくリズムを奏でることができず、イライラばかりが募ります。

そうして三毒の心に侵されて笑顔がなくなると、脳内ホルモンに作用して、なんと血液の成分まで明らかに不健康なものに変わってしまうのですよ。それは吐く息に含まれる成分の分析として、科学的な実験で確認されているんです。

内海　三毒、固定された「イズム」がもたらす、現実的な自分自身の健康や人生への悪影響ということですよね。

心に毒を抱くことが、体にとって毒になり、人生の毒になるというのは、改めて考えるとすごいことですね。

ですから意識の操縦法ということはね、笑顔人生のように「善く生きる」という人間の

人間の毒は生物まで殺す

アメリカの心理学者エルマ・ゲイツ博士は人間の吐き出す息を使って、次のような実験をしました。人間が吐き出す息を冷却したガラス管に集め、液体空気で冷やしてやると沈殿物ができます。人間の感情の状態によって、おどろくべきことが起こったのです。

○健全な人間の吐き出す息は無色。
○怒っているときの息の沈殿物の色は栗色。
○悲しんでいるときの息の沈殿物は灰色。
○後悔して、苦しんでいるときの息の沈殿物は淡紅色。

博士が、栗色の沈殿物を水に溶かしネズミに注射したところ、わずか数分でネズミは死んでしまいました。もし一人の人間が1時間、腹を立てつづけると、なんと80人の人間を殺すことが可能な毒物を発生させると言います。

また、私たちの血液は、
○怒ると黒褐色で渋くなる、
○悲しむと茶褐色でにがくなる、
○恐れると紫色で酸っぱくなる、と言われています。

ということは、いつもニコニコしていると健康でいられるということですね。

まさに「笑う門には福来る」なのです。私たちの、怒り、悲しみ、苦しみは少しでもなくしたいものです。それは、周囲の人に迷惑をかけるばかりでなく、自分自身をも傷つけることになるのですから。

テーマにとって、やっぱり必須のことだと思うんです。

それで、3つのキーワードを簡潔にまとめてみると、こんな感じかなと。

「自在」というのは、三毒の分別智や狭い思い込みのフレームから出て、意識を柔軟に動かせること。多角的に視点の移動ができること。

「上昇」というのは、ちょうど天使が地上の視点からはるか高い空中の視点にズームアウトするように、今までと違う次元や階層も含めて、より自由に移動できるようになること。

そして「反転」というのは、ちょうど陰陽の反転のように、真逆の見方にも軽やかに瞬間に視点を移動できること、ですね。

特に「反転」については、陰と陽の間、易学でも最重要視される「中」の立ち位置に立つことで、ここは老子の「門」と同じく、自在に行ったり来たりできる究極的な柔軟性に通じるところです。

逆に反転が起きにくい意識の最たるものとしては、やっぱり「良い・悪い」という分別智ですね。これはそのまま、固定してジャッジしてしまう意識に陥りやすいところなので。

福田　そうですねえ。鑑定でも、一番難しいのは、「良い・悪い」という二元論の意識であり、思考の固定なんですよ。これはもう本当に強烈に、意識空間のあちこちに染みついていますから。

特に、一般的な占いなんかの影響が強い方は、今は「悪い」運気の時期なんでしょう、とか、この方位は「悪い」からやめた方がいいのでしょう、とか、どうしても、「良し悪し」の意識から判断してしまう。

そうなるとその時点でもう、リズムが奏でられなくなるのですよ。良い・悪いで固定されてしまっているなら、もう、その固定された道をただ歩むしかなくなりますからね。

それでは、自分の自由意志が奏でるリズムや、今ここの変化の可能性が、潰されてしまうのです。たいへん残念なことなのですよ。

内海　だからこその「超感知型招福突破活動」ですよね。人間の分別智で、「イズム」の世界観からしたら「良い・悪い」の二項対立的な事象として捉えてしまうけれど、「自在」に視点を移動し、さらに「上昇」して「反転」させてみれば、招福の道を感知して、その状況や局面を別次元に突破できる余地が必ずある。

なぜなら、本質的にはもともと「良い・悪い」という事象が存在しているわけではないからですね。万象の根源にあるのはタオの働き、タオ・リズムだけなので、そこには「良い・悪い」なんていうものはそもそもない。

そこから立ち現れている現象を、自分自身がどう捉えるか、ということですものね。

福田　そうやって「良い・悪い」から離れることができたら、次に私は、**リズムのイメー**

ジで新たに「強い・弱い」「高い・低い」という捉え方で、自分の人生設計図を掴むことを提唱しているんです。

これは**天与の可能性（福・天恵）を把握して現実化する活動ですから「福活《ふっかつ》」と名付けました。**普通の目線では見えてこなくとも、強い弱い、高い低いで観るとあらゆる状況に備わっています。

婚活、就活は期間限定ですが福活は一生を通じてやり通し、永遠の命を知る運命好転のためのまさに「超感知型招福突破活動」なのです。

このあたりは、また運命好転学とはなんぞや、というところで少し詳しくお話しいたしましょうか。

ちなみにタオ・リズムということで言えば、ここでいう「上昇」というのは、現象の次元から離れて、タオの次元、宇宙の外の5次元に心の置きどころを変えると、そういうことになりますね。

内海　そうですね。そうなると、そこはそもそもいつも、「門」の働き、つまり内と外が行ったり来たりする「動き」の世界なわけですから、自然と「反転」というところにつながっていきますすね。

端的に言えば、AかBか、という二択の固定の世界から離れて自在になって、AかBかに固執する世界を、上昇した視点で大きく捉え直してみると。
そこから、反転創発して、Ｃという新たな視点と選択でもって、有益化してみる。ちょうど、福田さんの人生のドットの、笑顔人生スタートのときがピッタリそんな感じでしたね。

福田　そうですね。「お葬式の声」と言われて、「明るい声の人」になろうとしたのではなくて、「笑顔の人」になろうと決意したと。

「お葬式の声」と言われた現象から招福の道を感知して、新たな次元に突破したら、おかげさまで今の福田純子になりました。

人生のリズムが変わり、成すべき天命も自覚できて、運命も好転しましたと。

こうしてみると、手前味噌ながら、上手に自分自身がちゃんと羽のついた天使のあり方を実践できていたようですね。ありがたいことです。

内海　女性版老子の真骨頂ですね。水のようにたおやかに、自在に、心の形を変えながら。たおやかなあり方のリズム、ということで「たお・リズム」と。それもアリかもしれません（笑）。

福田　「たおやかなタオ・リズム」。なんと素晴らしい。

天使の放つ矢は、「自由意志の矢」

内海　羽のついた天使のことで言いますとね、私もう一つ、そこからタオ・リズムのコンセプトとして、汲み取れる要素があると思うんですよ。

天使が、ここぞというところで、的に向かって矢を放つ、ということを言われたじゃないですか。

自由自在の心の次元に上昇したその天使の矢に意味づけしてみるとしたら、それは、「自由意志の矢」だと解釈したらいいんじゃないかなと。

福田　あー、それは素晴らしいイメージですね。一切の囚われがないところ、現象の束縛がないところから、さて、自分の宇宙をどう立ち上げるかというときに、**自分自身の自由意志、あるいは自分の決断、ということが、新しい現象を立ち上げる上での一番大事なポイントですからね。**

内海　矢を放つには弓がいるわけですが、弓の弦というのは、前に押すものではなくて、後ろに引くものですよね。

しかも、強く遠くに矢を飛ばそうと思ったら、そのぶん、強くしっかりと一番後ろまで弦を引き切らなければならない。

福田　高く飛ぼうと思えば、しっかり深くしゃがまなければならないと、そういうことにピタリつながりますね。それも陰陽関係です。

自分の現象をしっかりと新たに創造していきたいと思うなら、弓の弦を引くように、宇宙の創造のその源まで、心の次元を引き切る意識を持ってみると。

内海　はい。どこまで後ろに引かなければいけないかというと、もう、これ以上引くところができないゼロのところまで、ということですよね。

あるいは、一番深い根源のところまで。そうなると、老子の「谷神」のたとえのように、つまりは、現象を生み出す宇宙の根源にまで、ぐ――っと心を無限に広げて引いてみると。

そうなると、自分自身がピタリと根源の世界と一つになって、即身成仏、つまり自分が神である、仏である、タオそのものである、宇宙を創造する主体である、という本来の自己のあり方に、立ち位置を定めることができる。

福田　そこから放たれる矢はまさしく、自由意志の矢であり、決める、という決断意志の矢ですね。

その意志が現象という名の的を射貫いて、自分の人生を創造していくと。

そうなりますとね、その意志とか、あるいは意志をはっきりと言葉にする、言語化する、ということが、自分の運命好転のポイントになってくるわけですね。

それは言うなれば、**自分の宇宙に自分の「意志や言葉を響かせる」ということ**で。その意志や言葉がまたリズムとなって、新たな現象の巡り合わせやシンクロニシティとかを引き寄せてくれる、ということにつながります。

ですからやはり、運命を変えるということは、突き詰めれば実にシンプルで、究極的には自らの意志一つであると。

運命好転図や鑑定の読み解きは、その意志を決めるためのツール、道具であると。

そのようにまとめられるかなと思います。

響き、リズム、バイブレーション

内海 ありがとうございます。福田さんは空海の言葉を紹介することがありますよね。**空海は、響きを大切にし「人間は単なる増幅装置にすぎない」と位置づけた**、と。

今のお話とつなげてみると、この言葉の意味合いがまた深まるかと思いますので、最後にそのへんのことを。

先ほどお話ししたように、空海は即身成仏といって、人間は大日如来、つまり宇宙の根源と今ここで一体のものである、と説きましたよね。

それは、自在の次元に上昇して、弓の弦を引き切った天使のたとえと同じようなことだと思うんです。

タオ・リズムのシンボルデザインでいうなら、真ん中の◯ですね。

宇宙の根源に無限に広がる心そのもの、意志そのものとなって、そこから振動を起こし、波動を動かし、現象を結びあげて、自分の宇宙を存在させると。

肉体の次元の人間というのは、言うなれば、その意志エネルギーの集積体みたいなものだと捉えられると思います。

仏教の言葉で少し補足するなら、般若心経でいうように、空から色、そして五蘊《ごうん》と言われる、自我と現象世界の構成要素がある。

五蘊というのは簡単に言えば、根源の意志エネルギーから集まったいくつかの要素の集積体みたいなものですね。

ですから、根源から発する意志と、肉体としての自分自身の意志が響き合ってリズムとなれば、それはまさしく、意志の増幅装置のようなはたらきとなって、現象を創造する力になる。

ここまでの話を踏まえれば、そのように解釈できるかなと思うんですね。

福田　そうなるとやはり、根源の〇の「タオのリズム」から発して、宇宙の全ても現象の全ても、そして自分の人生の全ても、響きであり、リズムであり、バイブレーションである、ということが言えますね。この世に存在する物も、誰かの想いが形になったのですから、もとをただせば物も想いの結晶化なんですよね。

それがわかれば、あとは天地のリズムの法則性というものをある程度押さえて、それを踏まえて自分の人生を操縦するための智慧を発揮できるようになっていきます。

内海　はい。それがタオ・リズムを活かした自分の「人生道」のリズムの作り方であり、より善く生きる、笑顔人生を送るための智慧になっていくものかなと。

あとは、このコンセプトをより実践的、具体的にしたメソッドとしての運命好転学のお話ができれば、私たちが今回の取り組みで世の中にお役立ていただきたい全体像は、輪郭がだいぶクッキリと見えてくるんじゃないかと思います。

福田　そうですね。おかげさまでそちらの話に移れそうです。運命好転学のポイントとなるところを、引き続き対話の中から明らかにしていければと思いますね。

天門が指揮する無音の響き、タオのリズム。
天球に満ちる音曲、宇宙のリズム。
天道と人道の芸術、人生のリズム。

UTSUMI

FUKUDA

【福活】
天与の可能性（福・天恵）を
把握して現実化する活動を
「福活」と名付けました

普通の目線では見えてこなくても
実はあらゆる状況に福因は
備わっています

婚活、就活は期間限定ですが福活は
やり続けると必ず運命好転につながる
超感知型招福突破活動なのです

第4章

オリジナルメソッド「運命好転学」（新易学）について

封印された自己申告書

内海　さて、ついに運命好転学までたどり着きました。ここはもう、私から福田さんにいろいろと伺ったりしながら、その真髄や実用的な価値など、あれこれと引き出させていただけたらなと思います。

いろんな角度から、いろんな表現で捉えられる智慧であり、メソッドだと思いますので。

福田　よろしくお願いいたします。私がいつも話している内容もありますが、また違った角度から光を当てていただけそうで、楽しみにしています。

内海　福田さんの運命好転学の動画やｗｅｂページがありますので、ポイントとなるところはこの対談の中でもしっかり押さえつつ、ご関心のある方は、ぜひ動画なども見ていただけたら嬉しいなと。https://youtu.be/0h0qZ3bAhWo

それにプラスして、私なりの視点で言語化できたらいいなと思っています。

実際に私も鑑定をしていただいて、ああ、これは本当に、一生に一度は鑑定を受けて、自分の人生の羅針盤となる運命好転学の人生設計図を手にしておくのは、素晴らしく価値のあることだなと実感しましたので。

その率直な印象も含めてと、鑑定を受けた流れから、こうしてタオ・リズムというコンセプトまで加えることができましたので、ここまでの話も絡めつつ、というところですね。

福田　そうですね。実際に鑑定も受けていただいて、そこからまた内海さんの中で消化吸収して何かしらの創発につながったりしたものもあるかと思いますので、そのあたりのお話を伺うところからでいかがでしょう。

内海　はい。私ですね、実は、易とか占星術とか、あるいはこういう運命鑑定的なものって、ちゃんと受けたことなかったんですよ。

動物占いとかマヤの暦、星座占いとか干支占いとか、楽しみ半分で見てみるようなことはそれなりにありましたけども。

それなりに合ってるようなところももちろんあるし、全然違うじゃない、とか、うーん、まあそうかもなあ、という程度の捉え方でした。

そもそも、あくまで私個人の受け取り方ですが、あなたはこういうタイプですとか、こういう運気、こういう運勢です、といったふうに、決定論的に枠にはめられることに、なんか居心地の悪さを感じるといいますか。

そういうものもなくはないのだろうけど、それよりも、自分の自由意志の方により重きを置きたいと、そういう性分なんですね。

それは、悟りの智慧を探求して、またそれを人にお伝えするようになってから、なおさら強くなりましたので。

ここまで何度も繰り返してきましたように、基本的に、自分の自由意志が自分の宇宙を創造している主体なのだと。それが大前提の私の中心軸だったんですよ。

福田　それはよくわかります。ある意味、**運命好転学を学んだり鑑定させていただく上で、最終の着地点が、まさしくそこ**なのです。

鑑定の際に、「笑顔カルテ」と呼んでいる人生設計図を、何種類かの資料とあわせてお渡しいたしましたよね。

それを私は、**「封印された自己申告書」**と呼んでいます。

自分の人生の「自己申告書」ですから、それは誰が書いたんですか、というと、当然ながら、自分自身が書いたものです。

人間としてこの地球上の体験ドラマをすでに自分は描いているのです。

ただ、この現象世界に生まれ落ちてくるときには、それを自分自身で封印してくる。つまり、その設計図の内容を一度まっさらにゼロ化して、忘れてくるのですよ、と。

そのように人生というものを捉えて、ご説明しています。

ですからね、自分の意志が自分の宇宙を創造している主体なのだ、という内海さんの視点は、言うなれば運命好転学が案内する最終の境地のようなもので。内海さんはそこを、先取りして、すでにご自分の中心軸にされていますよね。

内海　そう言っていただけると恐縮なのですが、ただ、もちろんそれは原理原則として揺るがない中心軸でありながら、そうかといって、じゃあ現象のなんでもかんでも、人生なんでも自分の思い通りに願望実現できるんですかと。単純にそう疑問に思う人も、当然いると思うんです。

例えば、学校のテストや受験で、就職で、仕事で、人間関係で、とか。期待通りにいかないことなんていくらでもあるし、逆に、なんでこんなことに、って頭を抱えたくなることも、人生でたくさんありますよね。

もっとわかりやすく言えば、じゃあ意識や思考が現実を創るとか、発した意志が現象を引き寄せるとか、それら全部が叶うわけではないし。

１億円の宝くじ1等に当たるように１００人がそう願ったとして、実際に当たるのは当然一人しかいないわけですからね。誰か一人は当たったとしても、残り99人は現実創造できないじゃないかと（笑）。

じゃあ、意志が現実を創るってどういうことなんだとなりますよね。偶然なのか、何かしらのメカニズムや相関性、法則性があるのか。

あるいは、量子力学の話などもよく引き合いに出されますが、観測者効果とか、意識と現実の関係性とかいうことを、どう納得させられるのかとか。

派生して考えたり説明したりするべきことが、結構こまごまと出てきてしまう。

福田　そういうことは確かにね、意識の仕組みということで言えば、科学や学術が明確に実証しきっているものでもありませんし、一般的な視点で言えば、自分の人生設計図を生まれる前に自分が書いてきている根拠なんてどこにあるんですかと。
まあ、穿《うが》っていうなら、そういう話にもなってしまうのですけれども。

内海　それはそうですが、私はこう思うんですね。もちろん、いろいろと研究、実証されているものを随時追いかけていくことも大切で、意識科学や量子力学、脳神経科学や哲学、それにまさしく悟りの智慧や古今東西の思想や宗教などを総合的に捉えて、自分なりの納得度や確信度を深めたい方は、それはそれでされたらいいと思うんです。

私もそういうものは自分なりに探求し続けてますし、そういう多様な知の学びというものは、それ自体としても純粋に価値も意味もあるものですから。

一方で、じゃあ、そういうことが**具体的に人生の何の役に立つんですかと、そちらに重きを置く視点**も、もちろん大事だと思うんです。

　それが単に、お手軽な功利的なもの、損得勘定だけの浅いものになってしまうとちょっと問題かなとは思いますが、人生の実践として活かせるものであることは、とっても大事な要素だと思いますので。

福田　私も、本質と現実のバランス、あるいは本質と現実の落差を埋めて一つにしていくという姿勢は、大事にしているんですよ。そこもある意味、陰陽関係のバランスのようなものでね。どちらかだけでは、やっぱりその人の宇宙全体のリズムはあまり楽しく回っていかないと思うんですね。ここまで何度か言及しているように、運命好転学は、レールに乗ってどう抵抗しても必ずそうなるという運命論を言っているのではありませんからね。

　決めて生まれてくるのは人生物語の「起承転結」だけです。自分が決めてくるのは天命、宿命という起承転結だけ。糸にすれば縦糸ですから動かないように初めに定められているのです。

　ですから自然界の法則などの天命とどの土地のどの両親を選んで生まれてきたかの宿命は変えることはできません。しかし運命という横糸は動かすことできますし、それによって模様を出すことができますね。**自分が主体となってどう「命を運ぶか」によって、そこには上級、中級、下級の３つのストーリーを自らの生き様で示していける**のです。

運命好転学は本質（空）と現実世界（色）のバランスに橋をかけるもの

内海　そういう視点で捉えておくことが、実際として、一番素晴らしいと思うんですよね。運命好転学に話を戻しますとね、まず私は、こう捉えているんですよ。

ここまでの話やタオ・リズムのコンセプトで、自分が自分の宇宙全体のリズムを根源から奏でる主体である、ということのエッセンスは、お話しできてきたかと思うんです。

それは、私自身の人生観の中心軸でもあるし、タオ・リズムの3つのキーワードの通り、自由意志の大切さということにもつながる。

それが本質論であるとするなら、それと同時に、そのコンセプトを現実にどう落とし込むかという智慧やメソッドがやはり必要で。

その文脈でいうと、運命好転学というのは、本質と現実のバランスがたいへん良くて、双方にしっかりと橋をかけることができるものだと。そういう印象を受けています。

福田　それはありがとうございます。悟りの智慧の応用、ということを内海さんはよく言われますが、ちょうどそのように捉えてくださっているということですね。

内海　本質と現実のことでいいますとね、例えば仏教では空の世界を悟ることが大きなエッセンスになりますが、空と色、つまり本質と現実世界との関係性でいうなら、**空を悟るにとどまらず、空から色をどう生み出すか、どう楽しむか、ということ**が、やはり大事なことだと思うんですよ。

福田　それは、どのように現実世界の自分の人生を味わい尽くせるか、ということでもあって。鑑定のカルテや読み解きなどは仮想現実のゲームの手引き書のようなものですと、まずそこをはっきりと押さえていただくようにしています。

内海　そこは、私も最初にお話を伺ったときに、ストンと腑に落ちる感じがしました。福田さんは運命好転学でいう人生設計図というものを、映画にたとえたり、地図や旅行にたとえたり、楽譜にたとえたりしますよね。

　映画でいうなら、まさしく脚本の起承転結や基本的な登場人物は決まっているけれど、演出やアドリブやチョイ役や友情出演など、最初から１００％全部決まっているわけではないような感じかなと。

　あと、映画のたとえで紐づけしやすいイメージかなと思うのは、ちょうど私たちが映画館で映画を観るように、映画の中で展開される物語と、映画の外でスクリーンを眺めている自分と。**中と外で、異なる時空間が同時にあります**よね。

　外で眺めている自分の方が、そもそもの脚本、設計図を描いた本来の自己ともいうべきもので、その自分自身がスクリーンの中に入って、リアルタイムで主演している映画を観ているような、そんなたとえもできるかなと思うのですが、いかがでしょうか。

福田　面白いたとえですね。前に少しお話しした、虚と実の関係性ですね。そこも、たいへん大事なポイントだと思います。

この現実世界が全て波動によって成り立っているとすれば、基本は、ちょうどデジタルの0と1のようなリズムですよね。陰と陽の反転のリズムと言ってもいい。

でも、デジタル画面に映し出される映画はあくまでも映画であって、虚の世界。実の世界ではありませんから。

ちょうど映画の「マトリックス」のようにね、**この世は夢、仮想現実の中です。可視光線の限られた認識世界の中で見ている、閉ざされた次元の世界。ホログラムの世界のようなものですね。**

そういうことに気づいている、覚醒している方も、どんどん増えていると感じています。

それでね、じゃあ人生は何のためにあるのかと言えば、この壮大な宇宙を舞台にして、たった一度きりの映画の上映機会を存分に味わうため、楽しむために、自分が作ったストーリーですと。

そのような視点も踏まえていただけると、たいへんよろしいかなと思いますね。

内海　そうですね。虚実の虚、と言っても、虚無的な感じの虚ではなくてですよね。逆に、虚構の世界、マトリックス世界に意識が囚われて不自由になったり束縛されたりすることのないように。

　虚構の世界であることに気づき、映画のスクリーンの次元の外へと心を上昇させて。そこから、虚の世界の全てを、「超感知型招福突破活動」で楽しむと。

　それこそが、**身体を持って、意識を持って、この有限の人生を生きられている間の、人生の醍醐味**なのだと思うんです。

　そういうコンセプトを軸にして、あとは、起承転結を決めてきたそのシナリオをどのように演出し、鮮やかな人生模様を織り成すかと。

　そして、そのときのためのツールが、運命好転学ですね。

「良い・悪い」はない！　「強い・弱い」か「高い・低い」のリズムがあるだけ!!

福田　はい。ですからね、先ほども、「良い・悪い」はありませんよ、「強い・弱い」または「高い・低い」というリズムで捉えてみてください、ということをお話ししましたよね。禍福はあざなえる縄の如し、ですね、と。それと通じるお話なんですよね。

言葉を変えるなら、この現実世界は振動するエネルギーですから。そのエネルギー自体はニュートラルであって、良いも悪いもないわけです。

でも、当然ながら人として生きていくときは、やっぱり、より楽しめたり味わえる方に、現象が好転していった方が嬉しい。それは確かなことですから。

じゃあどうしたら良いの？　**というと、どんなエネルギーも無駄にしないで活用しきってしまう、ということ。**

それこそが、運命好転学の一番の中心軸なんです。

内海　その観点が大前提にしっかりとあれば、どんな状況や局面にあっても、まさしく、人生を前向きに転じていくためのテコの支点のように、きっとうまく作用してくれるのではと思います。

どんなエネルギーも無駄にしない、という全肯定の心の支点があれば、何かの出来事に対して、そこに対してどんな意識でリズムを刻めば良いのか、ということが、摑みやすくなるのかなと。

福田　そう、意識のリズムのイメージも良いですね。

自分にとって望ましい運気が来ているときは、それを楽しむ。強いリズムのときですから、心の力点を楽しく思う存分に押していけば、現象にはさらに良い流れ、良い流れへと作用していきますね。

逆に、リズムですから、当然、弱いときもあります。一般的な占いなどでは、例えば大殺界のように、ここは運気が悪いもの、として認識されるんですけども。

でも、「悪い」ではなく「弱い」リズムのときと、意識的に捉えれば、弱いときは弱いときなりの味わい方があり、過ごし方がありますからね。

もっと言うと、弱いときだからこそ丁寧に、繊細なリズムを意識して過ごせば、それに応じてまた現象にも作用して人生に深みが出てくるのです。つまり**あらゆるエネルギーを無駄にせずどう使い分けるかという、心の力点への、リズムの刻み方**なんですよ。

内海　映画にも、ハイライトになるような高揚する場面もあれば、テンションをぐっと落とすようなシーンもあったりしますからね。でも製作者である監督の視点に立てば、無駄なシーンというものは一つもないわけで。

それと、リズムのイメージで捉えると、やっぱりわかりやすいのは、音楽のたとえですよね。

具体的な鑑定の読み解き方にもいくつか触れたいのですけども、わかりやすいなと思ったのは、音楽の曲調のたとえでした。

好転学の人生の羅針盤では、音楽リズムや四季のリズムでたとえていましたよね。

福田　はい。実際に、それぞれの人生の羅針盤をシートにしてお渡しするのですが、そこからいろんな読み解きをしていきます。自分の人生の指揮者は自分ですから、私はよくオーケストラの指揮者にたとえてお伝えします。

十二支はそれぞれの楽器ですから相性が良いとか悪いとか好き嫌いを言っていたら全ての楽器を響かせることはできませんし、ハーモニーさせることはできません。名指揮者として12の楽器全てを強い弱い、高い低いを把握して、美しく活かして感動的に響かせるのです。

さらに人生にも四季の巡りがあり、12年周期で観る「年運」がありますが、これは3年ごとに春夏秋冬が巡るので、春はワルツ、夏はサンバ、秋はバラード、冬はブルースとイメージしていただき、それとあわせて、少し専門的な言葉で言うと、「年代運」という大きな括りでは、6年ごとの18年周期で宿命の春夏秋冬が巡ります。

例えば内海さんですと、13～18歳、19～24歳、25～30歳で6年ごとの18年。ここが春のリズム、といった感じでしたね。そして、夏、秋、冬と、18年周期で巡り72年で一周する長いバイオリズムですから、それは音楽でたとえるならば第一楽章、第二楽章……といった感じです。

このように楽譜なしでは指揮はできませんし、小さな音楽の指揮者もあればカラヤンのような大オーケストラの指揮者もいるわけですから、あなたはどんな指揮者を目指しますか？　と。

内海　それで、この12年なり18年のリズムの巡りを、自分の人生年表のようにして当てはめてみるということをしますよね。

過去の自分の人生のドットとなるような出来事があった年とか、改めて客観的に俯瞰してみると、ははあ、なるほどなあ、と思えることが浮かび上がってくるようで。人生のリズムの不可思議を感じた気がしました。

他にも、たった一つの羅針盤の図の中に、いろんな要素が畳み込まれていたと思うのですが、ざっとそのあたりの基本的なことを、改めて伺ってよろしいですか。

世界は目に見えない絶えざるリズム、宇宙のリズムと自分のリズムの関係性でできている

福田　ご自分の人生設計図を手にしてよく「当たっている」と言われるのですが、ご自分で立ててきたストーリー通りに素直に生きてこられただけなのですよ。と。

基本的な概要をお伝えしますと、まず、生年月日から割り出します。運命好転学は易学

から派生した新易学ですが、生まれた年、月、日に、さらに時間までわかるとなお良いですね。

そこから6属性12タイプというものに分類され、そこに、プラスマイナスや干支のリズムも加味されます。

メインになる羅針盤の図には、たくさんの要素が入っていますから、柔軟な読み解き技術を身につけていきますと、立体的にそこからいろんな情報が汲み取れるような感じになりますね。主にその自己申告書の宿命をどう好転してリズムよく読み解くかに視点を定めた学問なんです。

内海　先ほどの年代運、年運の他に、12の月ごとのリズムや、1日の中の24時間のリズムも2時間ごとに変わっていくものがありましたよね。

福田　はい。1日の中にもリズムがありますからね。それは、時間のリズムでもありますね。他にも、方位学的な読み解きや、風水につながる色の相性を読み解くカラーチャート、身体や五臓六腑など健康のリズムに関することもあれば、人との相性、人間関係のリズムの読み解きといったことなど、いろんなものに当てはめて活用できます。

この世界は、目には見えない絶えざるリズムを奏でていますからね。色というのも波長ですから波のリズムですし、例えば月の引力の影響を人間は受けやすいと言われるように、天体の位置の配置が変わると、それに応じた時空間のリズムというものも変わるわけですね。

目や耳で見える、聞こえる範囲だけの情報では普段気にしないことですが、宇宙全部はひとつながりですから。

全宇宙のリズムと、自分のリズムというものは、密接に関係し合っているんです。

内海　ホントに、その通りですね。ちょっと考えてみるだけでも、あらゆるものは常に動き続け、変化し続けているわけですものね。リズムを奏でていないものはこの宇宙に一つもない。

身体のバイオリズムや、気温や気圧のリズム。月の満ち欠けのリズムに、四季が巡る季節のリズム。

視野を広げてみれば、地球上の四季の巡りっていうのは、地球や太陽の位置関係、天体の運行のリズムですし、太陽系惑星も常に動いていて、リズムがある。

それに、太陽系惑星が周回する、銀河系の動きのリズムもあるし、宇宙全体は常に、動き、リズムや法則に満ち満ちているわけですものね。

福田　さらに、宇宙の根源には、常に老子がいう門の働きがあり、「タオのリズム」が奏でられていると。

そこから生まれる壮大なシンフォニーの中に、自分の人生ストーリーを展開させているわけですね。

宇宙の中の銀河、銀河の中の太陽系、その中の地球のリズム、自然界のリズム、そして自分のバイオリズムがあって、心の浮き沈みのようなリズムもあって。

それは身近なところで、仕事や事業がうまくいったりいかなかったり、人やお金の巡り合わせが強かったり弱かったりと、いろんな現象として現れてくるんですね。

内海　そうやって根源のところから深く大きく、今ここの自分にまでひとつながりのものとして捉えると、それだけでも意識のあり方っていうのが変わっていくかのようですね。

実際の自分の人生でいうと、鑑定図からは、一生分のプログラムとリズム感を学ぶ、ということを言われていますよね。

それは、映画のシナリオの起承転結という全体像を把握した上で、自分の人生の道をどう踏みしめていくかという智慧だと思うのですが、**必然的に、人生観や死生観ということにも、大きく影響してくるの**ではないかと感じています。

目の前の出来事にただ一喜一憂するだけではなく、より余裕を持って、自分にも人にも優しさを持てるような変化につながるんじゃないかと。

人間が生きること、喜びを感じること、困難や逆境を乗り越えること。人との出会いや別れ、交流や摩擦によって、魂が磨かれていくようなこと。

そういうものを、大きな心で観られるようになるんじゃないかなと、そんなふうに感じますね。

福田　そうですね。人生の迷路の中で生きていた自分がその迷路を俯瞰することができるようになります。心が広がるということでいうと、鑑定を通して、自分を愛せるようになりましたと、そういう嬉しいお声もよくいただきます。

あるいは、自分の人生はダメなこと、嫌なことが山ほどあったと認識していた人が、鑑定によって自分で自分の人生を全く違う視点から捉え直すことで、過去の否定感やうらみつらみの心が、綺麗さっぱりなくなってしまったりされますね。

おっしゃるように、大きな心でもって、**どんな出来事も無駄なく使いきってしまう心のエネルギーと魂のスタミナを持つことで、相対二元を超えたところの、とても柔軟な肯定感のようなものが生まれてくるんです。**

人生山あり谷ありで、いろんなことがあるけれど、今こそ、ここぞドンピシャリ！　この貴重な一回きりの人間としての人生、体験し尽くすために生まれてきたんだと。

そういう心になれば、人生観、死生観というものも、きっとより素敵なものになっていくと思います。

レール上を走る「運転手」から5次元の「操縦者」へのシフト

内海　私は、それは、福田さんがいう、運転から操縦へ、というシフトが起こったか起こらないかの、一つの指標なのかなという印象を受けます。

禅の臨済宗の言葉で「**随処に主となれば、立処みな真なり**」というのがありますが、その意味はまさしく、人生の場面場面において、自らが主体者、主人公となって操縦するということに通じる。

その意識が開けていけば、「良い・悪い」を超えて、良いからやる、とか、悪いから逃げる、ではなくて、どの状況、どの局面に対しても常に、「随所に主となる」というあり方ができてくると。

それはまさしく、自分の人生、自分の宇宙を味わい、経験し尽くせる心の姿勢だと思うのですが、運命好転学という一つの学びを通して、そのような悟りにつながる意識変容を案内できるのであれば、本当に素晴らしいことだと思います。

福田　私たちが今、意識したいのは**社会の枠組みを超えて宇宙の秩序を体得すること**だと思うのです。それを私は「運転と操縦」という言葉でナビゲートしています。運転は「ルールに従って複雑な機械を動力とつないではたらかせること」。飛行機は操縦といいますが、操縦とは「自由自在に操ること」。つまり、限りある世界を行き来するのが運転ならば、操縦はひとつながりの世界を知ってこそできることなのです。

運命好転学も易学をベースにしていますので、最初の6属性12タイプのように、その人の持って生まれた特徴を診断することが基本になっています。

そのようなものは、東西の占星術や数秘術なども含め、多様な種類のものがありますね。そういう先人たちの叡智が時代を超えて残っているというのは、やはり、その中に普遍的なものがあるからだと思うんです。

そういう意味で、その人の特徴をある程度決定論的に鑑定する手法というのは、もちろん価値のあることです。

一方でね、これは再三お話ししている通り、それでその人のタイプを固定したものとして観てしまうと、枠にはめ込む、レールに沿わせてしまう懸念も出てきてしまいますから。

ですから、運命好転学に限らず、本当に人間の本質を深く見定めている鑑定者は、レールにはめる運転だけの話はしないはずですね。

内海　易学というのも、本来はそうですよね。枠に決めつけて固定してしまうのは、安岡正篤先生に言わせれば宿命論の罠に落ちてしまうものだと。

易という字義じたいが変化を意味するものだから、易学は、固定した宿命論のような占いとは本来全く違うものだと。

それで、自らの意志を立てることが重要だとして「立命」ということに重きを置かれていました。

ここまで私たちが話してきたことでいうと、自分の宇宙の創造主としての自由意志ということに通じるかなと思います。

福田　そうですね。すでに決められた道、動かせないレールをただ走るだけの人生であれば、なんとも味気ないものになってしまいます。

自分が指揮者である、自分が設計者であるという自覚を促すことが、これからの時代は特に、より大切なことになっていくと思います。

それに、私だけでなく、そのような心構えでもって鑑定し、人の人生に関わっている方も、たくさんいらっしゃると思いますよ。

内海　その人が本当に人間や宇宙の本質を探求した鑑定者であれば、メソッドや手法の違いはどうあれ、そうなるはず、ということですよね。

その前提で、私の所感ですけども、その中でもやはり、福田さんのオリジナル・メソッドとしての価値とか面白味っていうのは、また独特のものがあると思うんですよね。

それはちょうど今回、タオ・リズムというコンセプトを生み出すことにご一緒できたことに象徴されるんですけども、一言で言うなら、やはり、運転と操縦の違い、ということに集約されるなと。

と言うのは、福田さんのいう操縦は、この4次元世界の滑走路から飛び立って、ひとつながりの5次元の世界に行きましょう、ということですから。

そこが全宇宙のリズムを奏でる根源である以上は、**宇宙の中に留まった鑑定なのか、宇宙の外まで意識の射程に入った鑑定なのか**で、その人の人生道を開く度合いっていうのも、大きく変わってくると思うんです。

そこは本当に、鑑定を受けられる方にとっても、とても大事な差別性になってくると思いますので。

福田　そうやって言語化していただけるのはありがたいですね。私のたとえですと、立ち位置を定めない、自由自在の羽のついた天使、という、うっかりマンガチックなことになってしまいます（笑）。

でも本当にね、地上と空中のように、自由度の次元が違う概念を押さえていることは大切なのです。

羽のついた天使は、地上のレールや決められた道は関係ありませんからね。そういう有限の世界を超えて、もっと自在でいられるシンボルですね。

自在性と通訳機としての機能性

内海　自在性というキーワードは私も、講座や研修でも重視してよく使うんですよ。それは表現を変えるなら、可能性の幅を無限に広げることにも通じる。

もちろん、現実世界にはいろんな制約やルールはありますし、それはそれで大事ですが、自分の深い次元の本来の心というのは、何にも束縛されずにどこまでも無限でいられるものです。

だからこそ、そこを起点にすることで、現実をどう捉えるか、現象をどう読み解くかという解釈の幅も、圧倒的に広がってくる。

運命好転学の大きな特徴は、鑑定結果をどう読み解くか、どう好転的に解釈するか、という、認識の柔らかさにあると思うんですね。

その価値は、ここでお伝えしておきたいなと思います。

福田　またまたティーアップしてくださってありがとうございます。

私は運命好転学をご紹介するときに、こういう言い方もしているんですよ。

世の中にはいろんな学びや占い、鑑定というものがたくさんあります。その中で、お好きなものを取り入れると良いですね。それで、運命好転学は、そういう**多様な智慧を変換できたり結び合せたりできる、通訳機のようなものでありたい**とね。

英語から日本語、日本語から中国語、のように、通訳機が一つあれば、普段は通じ合わない別の種類の言葉が自在に行ったり来たりできますよね。

それと同じように、占星術でも数秘術でも、そのメソッドならではの智慧を、結び合せて活かし合えてどう読み解くか、通訳機のような役目でありたいですね。

内海　その通訳機の意味合いの背景にあるのって、やっぱり、ぼた餅と桜餅、どちらも和菓子でしょ、の心なんだと思いますね。

多様性を多様性で終わらせず、そのもう一つ深いところで結び合せる普遍性に、意識をぐっと広げましょうよと。

今からは共創の時代、コラボの時代、それぞれの個性を立てた上での自立連帯の時代、ということもありますから、時代的な性質でもあるのかもしれません。

その上でですが、せっかくなので、運命好転学ならではのリズムの捉え方の特徴ということも少しお話しいただけたらと思うのですが、いかがですか？

もちろん、専門的にはちゃんとした学びのためのテキストもあって、易学を基礎とした深い理論背景や説明体系もあるわけですけど、例えば先ほどの人生の四季のリズムのあたりなど。

四季の基本のリズム（タオ・リズム）

福田　はい。これは『ミロクの響き』という本にも書きましたので一部重複しますが、基本になるポイントを引用してお伝えさせていただきましょう。

これだけでも、自分の人生のリズムを考える上で、一つのご参考にしていただけると、何かしら気づきのきっかけになるかもしれませんね。

四季の基本のリズムは、まず次のように読み解きます。

春：チャレンジ・努力・決断／種をまく
夏：摩擦・開花・浮遊／謙虚に花を咲かせよう
秋：再挑戦・財勢・収穫／実るほど頭を垂れて
冬：省察・ゼロ・整理／天と握手する最も尊いとき

このように、それぞれの季節に3つずつのキーワードがあって、全部で12ですね。
この**12の分類はそのまま、先ほどお話しした年代運、年運、12ヶ月や日時のリズムなどにも適用されるもの**になるんです。
そして、それが全体のリズムとなって螺旋状に上昇して、人生に循環し続けて響きをもたらすのです。
まあ詳細はさておきまして、四季のリズムと12分類のそれぞれの要点をお伝えできたらよろしいでしょうか。

内海　はい。じゃあ、このあたりのことはオーソドックスな説明のところだと思いますので、『ミロクの響き』からの内容を参照しつつ、そこに私からの質問や所感も交えさせていただく形で参りましょうか。それで深まるポイントもあると思いますし。

福田　はいはい。そういたしましょう。春はまず、こちらですね。

春：チャレンジ・努力・決断／種をまく
春にやることは、種をまく、つまり仕掛けていくこと。
開業、移転、新規計画全て大丈夫。

「チャレンジ」のリズムにあたる年や月では、新しいことに挑戦しましょう。さらに「努力」を重ねて、春の最後には決めるという「決断」のときがやってきます。春は、一念発起して真剣勝負で活発に行動するときです。このときに種をまかなければ、将来花も咲かない、実も結ばないのです。特に「決断」のときはとても大事です。

「決断」は、「断つ」と書きます。何かを断って決めることもあるでしょう。それがうまく決まらなかった人は、次の夏期の入り口に摩擦が起きます。

内海 春のリズムの3つは、わかりやすいかなと思います。ちょうど草花が芽吹くように、新たな生命のリズムが生まれるときですね。印象的だったのは、春に種をまかなければ、花も実も結ばないと。言われてみれば当たり前なんですが、その仕掛けどころのタイミングにあたる時期なんですよね。

福田 はい。真冬に種をまいても、そのタイミングでは芽も出ないまま終わってしまいますからね。リズムというのは、おっしゃるようにタイミングのことに通じます。タイミングがずれた音楽というのは不協和音になって心地よくないですよね。それと同じようなことですね。

天地のリズムと自分の人生のリズムをシンクロさせることで、自分の人生も大輪の花が咲くときが来ますよと。

ですから春は、積極的に仕掛けるときです。人に会う、外に出かける、新たな学びや取り組みにチャレンジし、「努力」すると。

そうして、ここぞというとき、これぞと思うものを「決断」すると。ここが大事なポイントになりますね。

次に、夏はこのような感じですね。

夏：摩擦・開花・浮遊／謙虚に花を咲かせよう

夏の入り口には、梅雨があるように人生の中にもジメジメしてナーバスになりがちな「摩擦」の時期があります。

それは春にまいた種が芽を出し蕾《つぼみ》をつけていたのに、その蕾の一部が落ちるような現象です。

しかし次に大輪の花が咲いたときに、「摩擦」の時期を越えてこそ開花があったのだと気づくのです。

つまり、両手をこすると熱が生まれるように摩擦によって情熱が生まれ「開花」につながるのです。

夏の時期のハイライト「開花」は願望達成でもあります。

「先生、私は来年開花でしょう。12年に1度のラッキーな年、棚からぼた餅なんでしょう」という方がいました。

「棚からぼた餅というのは、自分の人生の棚には自分でぼた餅をのせないと落ちてこないのですよ。棚の上のぼた餅とは、何かわかりますか？　それは陰徳です。陰徳とは、いいことをして認められなかった数なんです。その陰徳が天上貯金となって喜びという利子までついて落ちてくるんですよ」とお伝えしています。

内海　上り調子の春の強めのリズムから、夏の入り口には少し弱めのリズムに留意して、慎重さも大切というところでしょうか。

福田　そうですね〜弱いときではあっても運気は高いのであくまで次にやってくる開花のための情熱が問われるような時期なのですよ。

内海　「開花」の説明で私が印象的だったのは、やっぱり、陰徳の話ですね。これは素晴らしい視点だなあと思います。

打算的に立ち回るような話ではなく、いうなれば無私の心で、周りのためになることを積んだもの。それが反転するときに、棚からぼた餅になって落ちてくると。それに喜びという利子までついて落ちてくるというのは、「純子節」ならでは、という感じですね。

福田　ありがとうございます。あとね、続く次も大切なところなので、そのままでお伝えしますね。

「開花」というのはいいことしかないというイメージですが、その年に、息子さんが不登校、お父さんとお母さんが人工透析で、とうとうお父さんが亡くなるという人がいました。「何をもって私は開花ですか。何をもって願望達成なんですか」

その人は、私ほど不幸な人はいないと思ったその心根の願望が達成したのです。

エネルギーはそのままで運転している。運転を超えて操縦していかないと自分の人生を好転させることは難しいのです。

内海　ここは、自分の意識の置き所の事例として、とっても大事なところですよね。**私は不幸である、私の人生は不幸であるというセルフイメージと自己規定が、その囚われの心そのままの現実を映し出してしまう**という。

「囚われ」という字は、字のつくりがそのまま、人が囲いの中、枠の中に閉じ込められている形ですから、直感的にわかりやすいと思うんです。

ネガティブな状態の心がそのまま、ネガティブな人生のレールを運転することになると。虚のスクリーンの中、マトリックスの中で意識に染みついてしまった「良し悪し」の相対二元のエネルギーの外に出る、操縦の重要性とつながるところですね。

福田　はい。夏の真っ盛りの「開花」についてもう一つイメージを確認しておきましょう。

「来年開花だから、思いっきり飛び回るんです」と言う人がいます。開花のイメージって、飛び回るのではありません。春は大いに飛び回りいろんなことに挑戦する季節ですが、夏の開花は咲かせるということですから、その場で香しい花を咲かせるのです。

内海　「浮遊」についてはいかがですか？「開花」のあとで、秋に入る前の、運気は高いけど少しリズムが弱くなるところなのかなと。

福田　その通りです。「浮遊」は、例えば残暑の夏バテに油断して体調を崩したりすることのないように、強弱のリズムでいうと、おっしゃるように弱めのところですね。

でも何度かお話しししているように、「弱い」と「悪い」は違いますから。

弱いリズムのときは、それを味わえば良いですし、そのときならではの過ごし方、楽しみ方というものももちろんあります。真面目なタイプにとっては有頂天にならなければ少し気をゆるませることのできる楽しい時期でもありますよ。

運命好転学はその方の特徴や状況に合わせた読み解きの幅の柔軟性が大きいですから、

一概にこうというものではありませんが、全体像としての夏のリズムの締めくくりは、「桃李もの言わざれども下おのずから蹊《みち》を成す」という言葉があるように、香しい実がなれば、自ずとみんなが見に来て、道ができるというもの。
ということになりますね。

内海　その夏の次の秋は、実りのときのリズムですよね。ここも、だいたいわかりやすいかなと思いますが、いくつか補足があればお願いいたします。

福田　はい。秋はこちらですね。

秋：再挑戦・財勢・収穫／実るほど頭を垂れて

実りの秋の入り口は「再挑戦」のとき。しかし春と違い「手堅く」がテーマです。前にやりかけたことをもう一度やってみるなど「再挑戦」のときなのです。そのことを通して、財に勢いがつく「財勢」となり、「収穫」を迎えます。

秋なのに実りがないという人がいますが、自分の人生で春に種をまいていなければ実ることはありませんね。秋の収穫は春に自分のまいた種の実りであり、その収穫期なのです。

秋はね、シンプルに言えば春の裏にあたる時期ですから、春にまいた種が収穫を迎えるという陰陽関係ですね。秋にはもう一つやらなければならない大切なことがあります。それはやがて来る冬の準備や備蓄をすることなのです。

内海　これがわかっているのとわかっていないのとでは、次の時期のリズムへの入り方が変わっていきますからね。収穫があったからと喜んでいるだけでは、うっかり足をすくわれかねません。

単に、そのときそのときの「良し・悪し」ということではなくて、循環するリズムの全体感を摑んで俯瞰する、という視点が、こういうところで活きてくるんですね。

福田　そこで、冬は大切な説明がありますので少し丁寧にいきますが、次のような感じになります。

冬：省察・ゼロ・整理／天と握手する最も尊いとき

運命好転学が「冬」と呼ぶ時期は、他の占いでは「天中殺」「殺界」と呼ばれ、最悪だと思う人もいます。

この冬をどのように捉え、過ごすかがとても大きなカギを握っているのです。

個人セッションでは、「先生、私は今天中殺なんです。私は3年間悪いんです」という方がいらっしゃいます。

そもそも天中殺に対して、どうしてそこまでマイナスイメージを持ちましたか？　ということから解いていかなければなりません。

内海　ここは大事ですよね。一般的には「良し・悪し」の決定論、宿命論で観てしまうところですよね。しかし、3年間も、その間自分は悪い運気にあるんだと思って毎日を生きるとしたら、それはなんとも大変だなあと。

マイナスイメージが固定してしまって、その固定したレールの通りに運転していこうとしているとしたら、その間の人生が、あまりにもったいないんじゃないかと思います。

それで、次のような反転のイメージにつながるわけですよね。

福田　運命好転学ではそれを「ゼロ期」と呼び、ゼロ＝無限大への貴重なゲートと捉えます。

このことは、昔の物語にも当てはまります。

シンデレラの物語では、いじめられていじめられて、一番苦しいときに次元突破の扉があります。最後にはお姫様になっていく、そのドアは最弱のときに用意されています。

宇宙から見ると、実は一番天に近づいているときなのです。

このように、強いと弱いを縦横無尽に使い続けながら、陰と陽の関係は縦軸で読み取ります。

つまり最弱の冬のときは、実は最も尊い、天と握手する瞬間と読み解くのです。こうした天地反転の読み解きが運命好転学なのです。

タオ・リズムの真骨頂

内海 そうですね、一般的に言われる天中殺の時期を、「天と握手する最も尊いとき」と読み解く人は、易者の中でもまずいないと思いますね。

ここはまさしく、タオ・リズムの真骨頂であり、悟りの智慧の応用の最たるところかなと思いますね。

福田 老子の門の悟りのように、内と外、ゼロと無限大が反転するという。あるいは、黒い壁の黒いドアをもう一押しして、クルッと反転させるというね。

一番弱いリズム、一番繊細なリズムが、極限の一点を突破して反転すると、新しい次元へと見事にひっくり返ります。

内海 AかBかという相対二元の陰陽関係を超えたCのところ、反転創発のタイミングですね。再び福田さんの人生を引き合いにさせていただくと、お葬式の声から笑顔人生へと反転創発したドットの時期。

まさしくそこで、ご自分の天命、笑顔人生という人生道へと、「天と握手」されたわけですものね。

福田　そうなんです。私の人生でもゼロ期が幾度か訪れましたがそのたびごとに反転のチャンスとなりましたので、体験した上での確信なんですよ。この時期はね、確かに人間の感情としては辛いと思う出来事もあります。そのときに大事なキーワードでもあるのが、この「省察」ということですね。


冬の入り口「省察」とは、省みて察すること。思いもかけないような裏切りがあろうとも、悪い人がいるのではなく、悪い人だと思う自分がいることに気づく。自らの内側を見つめゼロに初期設定することで同時にアップデートまでできるのです。

例えば中には癌《がん》のステージ４を宣告されて人生感が１８０度変わり、その意識転換から癌が完全退縮した人もいらっしゃいますよ。

人生の冬は、まるでトンネルの中にいるような状態に陥ることがありますが、そこをトンネルと捉えるのではなく、天と地を結ぶ「煙突」と捉えてみませんか。

それに何よりも人からの裏切られ以上に、本来右に行くはずの人が反対に歩いていることに的確に気づくことができるのも省察であり、背中合わせになってしまった人とも、この時期に結び直しもできるチャンスのときなのです。人から背中を向けられることや親しい人との別れなど訪れることもありますが、その体験を通して今まで思ってもいなかったことに気づき、この冬のゼロ期に多くの人がピンチこそチャンスという体験をしているのです。

内海 私は、何かの出来事に際して、自分の心の中を観ることの大切さと、逆に自分の現状を、どんどん視点をズームアウトさせて外から大きく眺めることの大切さをお話ししたりするんです。研修やパーソナルセッションでそういうワークをしたりすることもあるんですが、そこに通じるなと。

こういうことって、頭でわかっていても、折に触れてしっかり意識を落ち着けてみたり、あるいは人との対話を通して気づきを促してもらったりしないと、なかなか自分の意識の中だけでループしがちなところもあると思うんですよね。

福田 そう思います。私も自分自身を内省、内観する習慣をつけていますが、それでも日々、いろんな思い込みの気づきもありますし、何よりも人とのご縁の中で気づかせていただけることはものすごく大きいものですね。

鑑定を通してそういうお役に立ちたいと思っていますし、また、そういう気づきをお互いに循環し合えるコミュニティのようなものも、できたらいいなと思っています。

内海　オンライン、オフライン含めて、人生100年時代は属するコミュニティの価値や種類が人生の大事なポートフォリオになるとも言われていますからね。そこは先々、何かしらご一緒できたら嬉しいです。

この、**冬の時期、ゼロ期の捉え方は、運命好転学の中でもカギになるところ**だと思うので再度確認しますと、次の言葉にあるように、通常は、暗いトンネルの時期、というイメージなんですよね。

でも、そのリズムの時期を操縦の心で臨めれば、天へと伸びる煙突になると。まさしく、地上の天使から羽のついた天使になるような感じですね。

福田　天と地を結ぶ瞬間だから、自我はことごとく外されます。

大変というのは「大きく変わる」と書きます。大きく変わるチャンスでもあるのです。

それが煙突状態です。

そういうチャンスはここだけです。どんな煙突でも作れるのです。どこでもドアが待っているのです。

内海　確かに言われてみればタオ・リズムのところの、羽のついた天使のたとえと重なりますね。天使が羽をつけて「自在」になり、煙突を「上昇」していくと。

でも、ちょうど煙突上っていく間に、いくらかはススけてしまいますね（笑）。

ですから、この時期は何の抵抗値もなく、気軽にスポンと抜けられるわけでもありませんね。

福田　険しい山にも向き合うことになるかもしれませんが、そのときに、「だからこそ！」という「こそ立て精神」で自分の意志をしっかりと立てていただければ、天に立つ煙突を抜けて、どこでもドアのように新しい次元への変化がきっと待っていると思います。そして何より春にまく種をここで生み出すのです。この時期にこそ遺伝子組み換えではない立派な種子を仕込めるのですよ。それに、冬の時期のスポーツは、スキーやスケート等何かに乗って行いますね。それと同じように弱い冬はお人様をサポートして生きることも、運命好転のコツなのです。

内海　そういう視点を持っておけるだけでも、冬の時期の年や月、時間のリズムへの意識づけっていうのは、全然変わってきますね。

あと冬の最後に、「整理」ですね。こちらも本からそのまま紹介いたします。

「整理」とは、次に来る春の準備や仕込みをするとき。
例えるならば妊娠と一緒です。新しい生命が体内に宿ると意識は常に子供に向きます。様々な体調変化にも気を配りながらしっかりと体内で子供（種）を守ってゆくのです。春の種まきシーズンを前にできるだけ身軽にしておくこと。全てにおいて整理整頓をこの時期に行うことが最も効果的です。

このように人生の四季を通して様々な体験の中から私たちは目覚めていくのですね。

福田　はい。軽やかに整理整頓をして、また次の四季のリズムへと。このような天地のリズムの循環、人生のリズムの循環を、ぜひ笑顔人生の智慧として活かしていただけたらたいへん嬉しく思います。

内海　鑑定に際しては、これを基本として、より柔軟に、多彩に、いろんなテーマやその方の個別の問題に向き合い、読み解きをされていくのだと思うのですが、個人鑑定とグループ鑑定があるんですよね。

そこの違いは、どちらがどうとかいうのは何かありますか？

福田　基本的な鑑定図や資料は同じですが、入り方が違います。

個人鑑定の場合は1対1、2時間鑑定ですから、その方の具体的な悩みや課題から入ることが多いですね。

そして、具体的な話を軸に鑑定をして、どんどん解かれ、軽やかになり、意識も広がって笑顔になっていく、という感じです。

グループ鑑定の場合は、個別ではないので、共通内容として、4時間以上かけて鑑定図の説明と読み解きをするのです。一言で言うならば、その方個人のことからではなくて、新易学として宇宙の全体意識から学ぶアプローチです。全体から入るので、自分自身を客観的に捉えやすくなり、だんだんそこに自分ごととして当てはまってくるので、悩みの理由がよくわかった、悩みそのものがなくなった、ということに、楽しくつながっていきます。

終わる頃には仲間意識もできて、みんなでうっかり幸せになる、と。そんな感じです。

内海　なるほどなるほど。どちらにも良さがありますね。易学のように難しい漢字や複雑な卦の図象や名称が出てくるものでなくて、イラストとかカラーチャートなどを多用されて親しみやすくもされていると思うので、ぜひたくさんの方にお役立ていただきたいですね。

福田　鑑定の深い目的を、最後にもう一度だけお話しすると、最終的には、自分がこの時代、今世を何のために生まれ、どう生きて、この地球上での現象の生命を終えて、去っていくのか。その人生道の全体に対しての、自分軸をしっかり立てること。これを大切にしています。

その時々の人生のリズム、陰陽反転の関係性などはもちろんたくさんありますし、より幸せなストーリーへと流れを変えていくための実践の智慧にしていただきたいのはもちろんありますけどもね。

「封印された自己申告書」を自分が手にしたところから、そのシナリオの起承転結を、いかに自分軸を立てて、自らの意志で楽しむか。

人生の彩り方、人生の味わい方、人生の素晴らしさ。そういうことを、深く広い意識変革を通して、より鮮やかに感じていただけたら良いなと。

そのための実践ツールが、運命好転学というメソッドになります。

命《めい》の運び方の、ちょっとした秘密。
レールに乗って「運ばれる」命と
空からレールを眺めながら「運ぶ」
命。
「空《そら》」から「空《くう》」に上昇すれば、5
次元の運命好転の始まり。

UTSUMI

FUKUDA

「怒り」にはスピードがありますが
「落ち込み」はスローモーション
それこそが心の針を自分自身に
向けて見つめている貴重な時間

落ち込むことのマイナスイメージを
今日から捨ててゆっくりその
心の有り様を覗いてみましょう

「落ち込むときは丁寧に落ち込む」
味わい深い人生を知るための
タオ・リズムなのです

第5章

タオ・リズムでコロナ禍をウルトラCに次元突破する！

運命好転のための5つのステップ

内海　さて、最終章の対話になります。タオ・リズムや運命好転学について、今回の対談で話したい中核のところはだいぶ話せてきたと思います。

そこからもう一歩広げる形で、付随してお伝えしておきたいこととか、こういった智慧を持って生きる、コロナ以後の時代全般のことなど包括していけたらと思いますが、まず福田さんから、いかがでしょうか。

福田　私からはまず、「運命好転のための5つのステップ」ということを共有したいなと思います。これは、シンプルな意識づけや言葉の発し方といった、少しの心構えですぐにでも実践できて、たいへん効果のあるものですから、ぜひ活かしていただけたら嬉しいですね。

運命好転のための5つのステップ

1. 過去完了形で感謝する
2. 予祝する（ご機嫌さんになる）

3．ゆるす
4．ゆるむ
5．ゆだねる

このうちの後ろの３つは頭文字がＹなので、３Ｙと呼んでいます。これがあるとないでは、１番目と２番目の効果も変わってきますので、何度か口に出して、すぐに意識に定着させていただくとなお良いかなと思いますね。

内海「ゆるす、ゆるむ、ゆだねる」で３Ｙですね。３、４回繰り返して口にすれば覚えられそうですね。パッと伺って、私もすごく意味の深いキーワードだと思いますが、説明を加えるとどんな感じでしょうか。

福田「ゆるす」ということは、**他者に対してもそうですが、まずは自分自身に対して**ですね。これがないと、例えば鑑定をしたりいろいろとその方の観点が変わるようなお話を投げかけても、好転しにくいですね。

なぜかというと、自分で強く固定して、鎖でつないでいる心があるからですね。自分の心で自分の変化の可能性を縛りつけて、変化できないようにしているのですから、まさしく自縄自縛なわけなんです。

逆に、自己肯定感が高い人は成功しやすいと言われますが、それは心の束縛が薄いからだと思います。変化の自由度が高いんですね。だから好転もしやすい。

もちろん、その方の過去や、強いインパクトのある出来事によって、「ゆるせない」という心の鎖を強烈に巻きつけてしまうこともありますし、何でもかんでも無条件に「ゆるし」を与えていたら、実社会は成り立たない面もあるでしょうが、少なくとも、自分自身の内面に対して「ゆるし」を与えるという点においては、何も問題はないでしょ。例えば、許せない人がいても許せないと思う自分をまず許すのです。そうして、より前向きに、自分に対しても人に対しても、生きる姿勢を変えていければ良いと思います。そうすれば必ず、好転の輪は動き出しますね。

内海　ここは大きいですよね。特に、感情の詰まりというか、滞って流れないものを自分の中に留めたままだと、意志のエネルギーも流れにくい。**意志を現実化する上での障害になってしまう**んですよね。

無意識のジャッジメントを解くために、いろんなセラピーやカウンセリング、瞑想や脳科学的なアプローチからの技法なども良いものがあると思いますが、とにかく簡単にすぐできることは、自覚的な日常の意識づけからかなと思います。

その点でいうと、「ゆるす」とセットになっている「ゆるむ」。あるいは「ゆるませる」

と捉えても良いのかもしれませんが、この「ゆるむ」という意識づけをわずかずつでも始めてみると、結果的にきっと大きな変化につながりますよね。

たとえていうなら、固く結んでしまって、いつも「ゆるさない」という意識でギュウギュウと締めていた紐を、反転させて反対方向に開くために、スキマを作っていく感じで。それで、少しずつ頑なになっていたところが「ゆるむ」ようになると、「ゆるす」心の柔らかさにもつながっていくかなと。

福田　そうそう、とにかくね、力を抜くこと、リラックスすることなんですね。いかめしい顔つきをしてグッと力が入っていたら、チャーミングな笑顔にはなりません。ふっと顔をゆるめて、いったん顔の筋肉の緊張をゼロに戻してあげると、自然と愛らしい笑顔になります。

心も体も、運命好転も、タオ・リズムの宇宙の仕組みとして共通するところが必ずあるんですね。

内海　その「ゆるす」「ゆるむ」から、「ゆだねる」ということにもつながっていきますよね。でも「ゆだねる」といっても、ただ他力本願で、棚からぼた餅が来るのを願うような、意志のないゆだね方とは違う。

福田　はい。種をまかない、努力も決断もしない、陰徳も積んでいない、それで何かいいことないかなと天に「ゆだねて」いても、残念ながら何も手には入りません。

もしも何かの偶然やラッキーでいっとき良いことが起こったように見えても、それが反転することもありますからね。

基本はやっぱり、自分軸をしっかりと立て切る。どんなエネルギーも無駄にしない心で、天と握手する意志を持つ。そうしてからあとは、**私をなくして明け渡し、自分の天命を果たせるように「ゆだねる」**と。

そんなふうに意識を持っていただけたら良いかなと思います。

「予祝《よしゅく》」未来を先取りして予め祝う

内海　この3Yがあると、相乗効果としてより活きてくるのが1と2になりますね。「過去完了形で感謝する」と「予祝する」ということ。

ここは私から少し加えさせていただきたいのですが、この二つに共通してカギになるところは、時間の概念、時間の本質ですよね。

ごくかいつまんで言いますと、**私たちが日常的に使ったり感じたりしている時間というものは、これも虚の世界のこと**ですから。

物理学者でも、アインシュタインが時空間の相対性ということを100年前に理論化して以降、現代では世界的に著名なカルロ・ロヴェッリという物理学者が『時間は存在しない』（NHK出版）という本を出して、日本でも一部注目されていました。

あるいは哲学や脳神経科学、仏教の視点などからも時間論は語れますが、あれこれ理屈はおいといて、すごく直感的で実用的なのが、「予祝」という概念ですよね。

福田　はい。しかもこれは日本民族の智慧としての言葉であり、生活文化なんですよね。読んで字のごとく、「予め祝う」ということですから。

未来を先取りして、もうそれはうまく成就したこととして、「予め」「祝って」ご機嫌さんになりましょうと。なんとも、うっかり幸せな心の智慧ですよね。これがちょうど、「過去完了形で感謝する」ということにもつながります。だってすでに成就したのですから、過去完了形になりますよね。そして、そこに至る天の働き、人のご縁など、あらゆるものに感謝する。そういう心のあり方を日々育んでいくようにしますと、どんどん運命好転のリズムが奏でられるようになるのですよ。

内海　ほんとにそう思います。

蛇足ながらまたちょっと理屈をつけたいのですが、この、過去・現在・未来という時間軸の次元を超えて、自分の意識の中で未来を今に持ってきてお祝いしてしまう、という智慧は、なんとも見事だなとつくづく思うんですよ。

というのは、これも一つの悟りの智慧の現実応用だと私は捉えているんです。人間の、通常の時間感覚からすると、未来を今に持ってきてしまうなんて、ちょっとおかしな発想ですからね。

でも悟りの世界からすれば、**時間なんて本当はないんだと。過去も未来も幻想で、現在、と思っている今すらも、実は虚の世界**なんだと。

そこから実の世界、5次元世界に抜けたところの「今ここ」が時間の本質で、古神道ではそれを「中今」と呼んだりもしますよね。

そこは老子の言葉でいう門のはたらき、ゼロと無限大の同時反転のはたらきがあるところとも言えます。

そこから宇宙が、天地自然が生まれるわけですから、**物理学的な時空間というものの根源も、実はそのはたらきの中にこそある。**

そういうタオ・リズムのコンセプトも踏まえて、意識をゆるめ、呼吸も身体もゆるめて、過去完了形で感謝する、予祝する、という意識の習慣が当たり前になると、とっても良いと思います。

福田　予祝というのは、古神道からの概念とも言われると聞きますが、内海さんがご縁のあった白川伯家神道でも、予祝ということは言うのですか？

縄文以来の精神性や、古神道、神道、神代文字などはこれからの時代、どんどん再注目されていくのではないかと私は思っています。

宇宙を大きく包み込む大和心というものは、様々な形で、この現象世界において、これから大いに貢献されるべきだと考えているんですよ。白川の学びで、『とほかみえみため』（大野靖志／和器出版）という、かつて天皇だけが唱えていたという大変貴重な言霊についての本を内海さんからご紹介いただきましたが、そこにも何かあい通じるものがあるのかどうか。


内海　私はさほど深い学びをおさめているわけでもありませんので、本の中にも書かれていることの要点をお話しするにとどめたいと思いますが、白川でも「予祝」という言葉はよく使いますね。

祭祀のときのご挨拶の中でも、例えば、公の安寧や幸福を願い、そのような意識でもって皆で予祝してその場を締める、ということもあります。

一説には、私たちに馴染み深い、春のお花見。

あれは、これから田植えをするその前に、その年の秋は豊作になったということを神や自然に感謝し、皆で予め祝った、ということにその本意があるそうです。

日本民族が培ってきた智慧なのでしょうけども、お米作りは一人ではできませんからね。家族親族や村の中で、協力して取り組んだわけで、それが、**個人ではなくて皆で、場で予祝をするという文化**にもつながったのだと思います。

福田 それはホントに素晴らしいですね。僭越《せんえつ》ながら運命好転のための智慧とぴったりですね。人の意識と意識は響き合い、リズムとなって現象に作用するものですから。

その意味で、ただ自分のために、自分の好転のために何かを願う心のあり方よりは、**個を超えて、お互いが皆のために願い、その意志を共通の幸せのために共振、共鳴させる。**

その方がより好転のエネルギーははたらきやすいですし、それはまさしく、大和の心の智慧の現れなのだと思いますね。

「とほかみえみため」の言霊について

内海 はい。それと「とほかみえみため」という言霊のことで少しだけ言いますと、いくつかの階層の意味合いがあるものなのですが、まず基本は、自分のご先祖様とつながること、あるいは遠津御祖神《とおつみおやのかみ》と言いますが、そことつながること、ということが第一義なんですね。

全ての人は誰一人例外なく、先祖からの命のつながりで生まれていますよね。それは科学的に言うとＤＮＡ情報の継承ということになりますが、容姿や体格、性格など含め、私たちの人生全般は、目には見えない何らかのＤＮＡ情報によって大きく影響を受けていることは明白なことです。

それで、先ほどの花見の例を、共同体の「横軸の意志の結び合い」だとすると、自分の命の「縦軸の意志の結び合い」を起こすこと。

それもまた、個を超えるということでもあり、先祖や子孫の安寧や幸せを願うという、意志の場の共振と言えることかと思います。

一般的にも、先祖供養や御墓参りをすると運気が良くなると言われたりもしますが、「とほかみえみため」の言葉の奥深さはそういうことだけにも止まらず実に深遠なものがありますので、関心のある方は、ぜひ書籍はじめ、いろいろと検索してみていただけたら良いかと思います。

福田　私には父と母がいて、またその父と母には父と母。そして25代も遡《さかのぼ》れば3355万4432人さらに26代にはその倍になるのですから……昔はイザナギ、イザナミ男女1組から始まったはずのご先祖様が増え続ける。つまり私たちは先祖を遡ればどこかでつながっているんですよね。自分は先祖からのＤＮＡ情報の集まりである、という視点は、すごく大事なことですね。

「とほかみえみため」という言霊の響きは、この宇宙の微細な情報の場に対して何らかの作用を起こす、という捉え方だと思うんですが、それで実際に、人生が驚くほど変わる人が出てくるという体験談も書籍で拝見しまして、非常に興味を持ちました。

易学や占術のようなこととはもちろん全く違う体系の智慧だと思いますが、共通しているると思われる要素で言うと、やはり、**意志の発し方、意志の向け方**、というところなのかなと思いますね。

易学は、ある意味で、天体や天地自然の運行の法則性を情報として読み解き、それが時代や人にどのような影響を与えるかを体系化したものですが、その見えざる情報は、決定されたレールのようなものではないですよと、そういうことをずっとお話ししてきましたよね。

それはそれでありつつも、自分の意志の軸を立てて、矢を放てば、現象は変わっていくと。そこは重なり合うところなのかなと思うんです。

内海　そうだと思います。こういう智慧というものは、柔軟にその本質を深く観ていくと、必ず、共通して重なり合う要素があると、私は思っていまして。

例えば物理学には物理法則という理《ことわり》があるように、そもそもこの宇宙の根源から作用する真実の理というものは、普遍的なものであるわけですからね。

その普遍的な理を踏まえることで、より自分の中での確信が深まり、効果が高まるということもあるでしょうし、その上で、多彩な知恵を響かせ合って相乗効果をもたらすこともできるでしょうし。

それは、先ほどイズムからリズムへ、というお話をしたように、これからの時代、多様な知識や知恵の扱い方として、固定させずに響かせ合うことが大切、というポイントにつながるものだと思います。


福田　タオ・リズムのコンセプトの中心にも、宇宙の根源のタオの世界から意志を立てる、といったことをお話ししてきましたよね。

意志の矢を、どこまで引いて放つか、という天使のたとえもいたしましたが、自分の意志の扱い方を磨いていくということは、実際は、なかなか摑みどころがむずかしかったりすると思うんです。

意志と言葉を発するリズムが運気好転の大きなカギになるんですが、これは実践をし続けて試行錯誤しながら、また自分を内観し、また実践し、という繰り返しが好転につながることかなと感じています。

内海　よく直感を大事に、とか言われますが、じゃあ直感てどうやって磨いたらいいんだという話にもなりますしね。

直感で、よし！　と動いてみたら、たいしてうまくいかない思いつきにすぎなかったりとか、あまり良い結果につながらなかったりとか。

このあたりのこともいろいろ私なりにポイントはあると思ってますが、福田さんは**「決める」という、タイミングの重要性のこと**を言われますよね。

今回は、そこのところに少し触れておけるとよろしいかなと。

「幸運の神様は後ろ髪がない」

福田　はい。人生は全てが選択と決断の連続ですから。それも日常生活や人生のリズムとして捉えられると思います。朝6時に起きるという小さな決断から人生の岐路に立つような大きなことまで、私たちはいつも、意志を発して、自分の進む道を決めて生きていますよね。

ときに、しっかり考えて決めることも大切ですが、迷うところまで来れば、もう決断のときなのです。なぜならば迷いは50：50でしょ。51：49ならば51を選択しますね。迷うとき「どちらがいいか」と長引かせれば自我が育ってしまいます。

迷うときに決める練習をすることで直感は磨かれていきます。決断を鈍らせたりすると、ピタリと合わせられるはずの人生道のタイミングを逃したりしてしまうのです。よく、幸運の神様は後ろ髪がないと言われますけど。来た！　と思ったら、まず「えいやっ」と摑んでしまう。摑んだあとで、あら、このチャンスはイマイチだったかしらと思ったら、手を離したらいかがですかと（笑）。

さっと決断してまずタイミングよく摑む心の柔軟性や瞬発力、集中力を養うことはこれからの時代を生きる上で大事な要素の一つだと思いますね。

内海　心の柔軟性や瞬発力、集中力っていいですね。音楽なんかにたとえると、演奏やセッションのとき、ワンテンポずれて入ってきたりすると、全体のリズムがおかしくなる。調子が狂う、って言いますけど、調子っていうのはリズムのことですものね。拍子抜けする、とか、間が悪い、とかいうのも、合わせ方のリズムがずれてしまうときの表現です。

じゃあなんでリズムが合わないのか、ずれるのかっていうと、全体の呼吸を感じられていなくて自分の中だけに入り込んでしまってるからっていうのもあると思いますし、あとはやっぱり、迷いだと思います。迷いが決断を鈍らせる。

結果的にそれは、人生全般のリズムを鈍らせることにもつながるんじゃないかと。

特に、現代のように日々すさまじいスピードで情報が移り変わり、それに応じた選択を求められたりするときは、なおさら大変ですよね。

福田 長引かせると、余計に迷いも増えるんですよね。時間をかけて迷ったあげくの決断より、瞬発力よく決めたことの方がうまくいった、ということもよく聞く話です。

それとね、**決める、ということも、別に二元論の世界でなくていいんですよ**。「私、なかなか決められないんです、どうしたらいいですか」と質問されることがあるんですが、そんなときはこう言うんですよ。

「あら、あなた、決められない、ということをもう立派に決めているじゃない」と。

内海 それはグゥの音もでないですね（笑）。でもすごく大事なポイントですね。「良し・悪し」と同じで、知らず知らずに相対二元の意識での選択に陥りがちですものね。

例えば、今はタイミングじゃないから決めない、ということをスパッと決めて、意識をさっと次に移してしまうことは、無駄な迷いの時間をカットして、そのぶんのリソースを他に割く上でも大事ですよね。

福田 はい。決める、ということは、「AかBか」だけではありませんから。「AもBもしない」という選択もあるし、「AもBもする！」という選択もあります。

内海 これは意識の自在性の大切さということにもつながりますね。人との関係性において相手に何か言われたときや、あるいは社会の空気感や世の中の雰囲気、メディア情報との付き合い方にも通じる。

日々、そういった**諸々の情報が自分に向かってきたときに、**ふっと、**「意識のレール」にはめ込まれて、予定調和的な「運転」の方向性に持っていかれる**ことがあります。

選択肢はAかBですよ、どちらか選んでくださいね、と。

でもそれは、自分の人生設計図を「操縦」する機会を奪われたりする罠にもなりえますから。

そういう意味でも、「決める」ということへの深い意識づけは、特にこの高度情報時代には、すごく大事なことだと、改めて思いますね。

福田　それとね、決めて、ちょっと違うかなと思ったら、さっと反転しても良いのですよね。

あの植木等さんのスーダラ節！「あらお呼びでないこりゃまた失礼しましたぁ〜」このフレーズが大好きなんですよ。風見鶏はクルクルと方向性が変わって一貫性がないと思われるかもしれませんが、中心に、揺るがない軸が天に向かって立っていますから。

易学でいう中心、という概念も、無限の変化をもたらすリズムそのもののようなことで、あらゆるものは変化するのが易の世界です。選択、決断ということも、当然変化していいわけですね。因果関係で全て問題が解けるわけではありません。「貴方が原因だから悪い」と過去を責めても問題解決につながらないことがいっぱいあります。特に私たちは**過去の責任を問う以上に未来に責任を持ちたいものですね。そのためには「今どう動くかで決まる未来の結果」つまり因果から来果《らいか》への発想の転換が必要**なのです。

臨機応変に無限の進歩を起こし、自分の運命を開いていく。変化に柔軟な決断で、運氣を好転させる。そのような心のあり方で人生のリズムを刻むことがタオ・リズムの生き方かと思います。

内海　私は悟りの智慧の一つとして、悟りのレジリエンス、という言い方をしていますが、それと同じことだと思いました。

レジリエンスは回復力とか復元力という意味合いで使われますが、柳に雪折れなし、といったイメージで、常に柔軟に、外の状況に合わせて変化ができる。

でも、自分を失ってボキッと折れてしまうわけではなく、見えない自分の軸は変わらずにあるから、いつもちゃんと回復して、また成長できる。

コロナ以後の時代を考えれば、社会や経済の状況、また自然災害の頻発する様子などを見ても、外の環境の変化が激しく吹き荒れ続けることは、容易に想像できることだと思うんです。

そんな中で自分の人生の軸を失わずに、柔軟に変化し続け、最適な決断をし続けることは、善い人生を送る上で、本当に大事な要素になりますよね。

運命好転学の鑑定を受けるに際しても、「決める」ということへの意識づけは前提として持たれておくとよいのかなと思いました。

それがあると、鑑定を通した何か新しい気づきからの変化も、より起こしやすくなるんじゃないでしょうか。

福田　そうですね。もう、その場で、今ここからこうします！　と「決める」ことができれば、どんどんリズムよく変化が起こっていくのは間違いないですね。

それと、何をどう決めるか、ということを考える上でも、おっしゃるように、自分の人生と、世の中や時代の状況っていうのは、決して切り離せるものではありませんからね。

個人にとってのタオ・リズムや運命好転というところから少し広げて、そのあたりのことを伺いながら、話をまとめて参りましょうか。

だいぶ話の角度が変わりますが、内海さんは、今の時代や今の日本をどんなふうに見てらっしゃいますか。

コロナ以後の日本に本物はいる、オセロの局面は変わる！

内海　うーん、そうですね。数え切れないほどいろんなテーマがあるとは思いますし、どの階層から観るかで、全く意味合いも変わってきたりしますが。

大きく分ければ、二つの視点に絞られますね。悲観的で絶望的な視点と、楽観的な、希望を抱ける視点と。

悲観的なシナリオは、コロナ以後の社会や経済、メディアや政治の問題など全般的に、すでに多くの人が感じられているところだと思います。

地震周期的に間違いなく来ると言われる南海トラフ、首都直下地震と富士山噴火の問題はじめ、頻発する自然災害とそれへの備えの弱さもありますし、こと日本に関しては、失礼ながらコロナ以後、この国の統治能力がとてつもなく脆弱《ぜいじゃく》であることが露呈して、相当数の日本国民が失望しているのではないかと思っています。

教育の未来、文化芸術の未来、格差の拡大や果てしなく下降し続ける経済力など、もはや衰退国家としての道をひた走っているようで。

国際的ないろんな指標やデータから見ても、具体的に、日本国の未来が明るくなる根拠をあげられる要素がほとんど見当たらない。

いきなり暗い話ばかりにしてしまって申し訳ないですが、現実を直視して全体を概観したらそういう感じです。

福田　うーん、なんともお先真っ暗、っていうところですね。内海さんはもともと国際関係とか政治哲学を専攻されてたんですよね。
そういうとてもリアルな現実社会の問題と、今回お話ししているような宇宙の本質とか人間の意識のありようとをバランスよく観られる人というのはあまりいないと思うんですが、シビアな視点も踏まえつつ、希望を抱ける方の視点といえば、やはり本質的な角度からのことになりますか？

内海　はい。そもそも大学院のときに「9・11テロ」があって、そこから世界の真相について探求していくうちに、現実から本質まで、陰謀論と呼ばれる世界から意識や悟りの世界まで、いろんな階層段階から物事を捉える習慣がついたんですけどね。

心の世界の視点で言えば、パラダイムシフトとかアセンションということも、私がそういうことに関心を持ちだした20年前からずっと言われていることで、福田さんはさらにその前から、先駆者的な立ち位置にいらっしゃるわけです。

ただ、そういうことが**現実社会においてどういう形で具体的な社会システムとか経済の**

仕組みになって落とし込まれていくんだろうかということは、つらつらずっと考えてきてるんですよ。

具体的な制度や仕組み、あるいはそれを支える新しい教育やテクノロジーなんかが社会に実装されていかないと、本質論的な意識上だけのことでは、本当の意味で人間社会のパラダイムが変わった、とは言えないと思うので。

そして、その兆しがだいぶ見えてきていることが、雲間から差し込む希望の光のように私が感じていることです。

福田　私の世代ですとね、生前、船井幸雄先生にご縁をいただいて「必ずあなたの時代が来るよ」と笑顔の世界を応援していただきました。

『これから10年　本物の発見』（サンマーク出版）や『最先端の世界　本物の世界』（ビジネス社）の本でご紹介いただいたり、「月刊フナイ」の連載などさせていただきましたし。

その他工学博士で発明家の政木和三先生や右脳開発の七田眞先生、心身医学の先駆者、池見酉次郎先生、評論家の竹村健一先生、著作家の小林正観先生など今は亡き覚者の皆さんにも若い頃から本の推薦文などで応援していただき、今振り返るとたいへん光栄なことなのですが、皆さんとコラボで講演させていただきました。

その中で意識の世界とテクノロジーの架け橋となるいろんな叡智や発明、優れた企業のことなど、昔からずいぶんと知る機会がありました。特に皆さんからは人間精神の深い本質や、「無欲の想念」が現実創造をすることなども含め、貴重な学びをいただきましたね。

最近ではトランステックと呼んだりするそうですが、日本の中では、研究者や実践家の中に、本当に優れた光を放つ方がたくさんいらっしゃる印象がありますね。

内海　私もそう思います。いわゆる社会の主流派、メインストリームではない領域にいる方々ですよね。今の社会の尺度からすると、大きく取り上げられることがなかったり、敬遠されたり、時には怪しいと言われるような人々の中に、突出した見識を持っている人が数多くいる。

コロナ以後の日本の様子を見ていても、テレビメディアはじめ、表向きの世界に出てくる各界のリーダー層よりも、**ネットメディアを中心に在野に散らばっている人々の中にこそ、本物が隠れているん**ですよね。

そしてそういう方々の影響力というのは、各分野において、それぞれしっかりとした支持者や賛同者を持って、日本各地に散らばっていると思います。

デジタル社会やAI開発が加速してデジタル監視社会的なことが懸念されることももちろんあるのですが、ネットメディアやSNSがよほどの統制支配を受けない限りは、そういう本物の影響力というのは、着実に広がっていくのではないかと。

そういう意味で、今後、デジタルネイティブと呼ばれるような世代にまで塗り変わっていって、既存のパラダイムの情報意識水準がはるかに低調になっていくようなことになれば、オセロの局面が変わるタイミングも来るかなというのが、楽観視の概要ですね。

福田　私も様々な方とのご縁がある中で、少なくとも自分の周りのことで言いますと、世の中の情報に惑わされず、しっかり自分軸を立てて判断して、自分の人生を操縦されている方が増えていると思いますね。それを意識の覚醒と呼ぶならば、覚醒している人々が集ってきている感じがしています。

中には、本当に人知れず素晴らしい事業や取り組みをされている方もいらして、そういう方々がお金ではなく「**こころざしのネットワーク**」で**つながり合い、そこに富の循環も起こしていける**ような、そういう雛形のようなものは、徐々に生まれてきているように思いますね。

最近よく話すのですが「人の評価や陰口、嫉妬心、猜疑《さいぎ》心などの人とは来年にはもう会えなくなるのですからどうかこの一年名残を惜しんで愛を送ってくださいね」と。

しかし「この一年が過ぎてもまだそんな人が消えない」と言う人がいたら、それは「私の予言が外れたのではなく貴方がその世界を選んだことになるのですよ」と。

内海　いやー、それは誰も逃れられない、完璧な「福田の予言」ですね（笑）。そうなるとですね、私がこれからもう一歩先に、カギになってくると思うのは、例えばある学びや技術や事業を共通項として持っているグループがあるとして、グループAとグループB、あるいはCでもDでもいいんですけど、そういう**意識集団同士がうまく和合していけるかどうか**、ということにあると思うんです。

というのは、個々人が意識変容とか、悟りとか覚醒体験とかを何かしら得るというのは、そういう書籍やセミナー、YouTubeとかも含めて、すでにある程度一般化してきていますよね。

それぞれの学びに特徴もあり、自分に合うもの、好きなものは違って当然だと思いますが、なかなか、自分たちのグループの境界線を越えて、お互いに認め合う、学び合う、和合する、となると、それを実践できているところは現状ほとんどないいんじゃないかと感じているんです。

それは、自分たちの学びやグループの価値を感じていればこそ、という良い側面ももちろんあるのでしょうけど、結局のところ、自分たちの方がよりすごいぞ、ともなりがちで、ぼた餅と桜餅の次元を超えきれなかったりする。

それでは、社会変容のエンジンとしてのパワーが、だいぶんロスされるんじゃないかと。

福田　個人のエゴを超えてひとつながりの世界で生きることは自覚できても、グループ、集団のエゴを超えて手を取り合えない、というところですよね。私もそれはとても大事なポイントだと思います。

内海　はい。ただ実際は、なんでもかんでも仲良く手を取り合いましょうね、という、子供みたいな心じゃなくてもいいと思うんですよ。

まだ当面は資本主義社会の仕組みを活かして生きていかなければいけない以上、どうしても、いわゆる自社の差別性、コアコンピタンス、みたいな発想も必要でしょうし、それこそこういう対談なんかも、多くの方と共有したいと思う独自コンテンツがあるからこそ、機会をいただいているわけですから。

そういう大人の社会の判断や良識というのは当然大事なわけですが、ただもう、ふわっとしたワンネスを語るような時代ではあまり意味がないことも、もう時代的には経験してきているのかなと。

福田　ですから内海さんがいう、悟りの智慧を現代風にアップデートして、教育産業化する、ということにつながるわけですよね。

おっしゃる通り、バラバラと散らばった個人の覚醒だけでは、この先の時代を大きく動かす力にはならないし、未来に責任が持てないと思います。内海さんはそれで、組織や企業が全体として悟りの智慧を共有することが必須になるということで、『経営者のための悟りリテラシー講座』の本を書かれたと思うんです。

今回お話ししてきたタオ・リズムというものも、ぼた餅と桜餅を包み込める、どちらも和菓子でしょ。と**問題解決から問題超越の精神で生まれたコンセプト**かと思いますので、手前味噌ですが、組織やグループのリーダーのような方々にも、活用していただき成果が出はじめているんですよ。

内海　はい。そうして、集団組織同士がこういった本質的なリテラシーを共有し合えている状態で、現実的な情報リテラシーに対する感度も高め、世の中の真相を洞察する直観智も養いながら緩やかに和合し、協働し合っていけば、そこからの相乗効果で、今はまったく想像もつかないような新しい智慧や技術、社会システムが生まれてくるんじゃないかと思います。

楽観した理想論のように聞こえる方もあるかもしれませんが、現実視点では八方塞がりで、まさしく黒い壁の黒いドアのような社会状況から、もうひと押しして反転させる方向性としては、おおよそこのようなイメージになりますね。

福田　よくわかりました。個人としての人生の黒いドアの反転と同じように、その難易度は大きく違うとしても、**社会全体、もっというと文明全体として、今の険しい現状を突破して、ガラッと反転創発**させるということですね。

そう捉えれば、先ほどお話ししたように、「良し・悪し」ということを超えて、全てのエネルギーを無駄にせず、ウルトラCに次元突破する好機だと、今の時代を観ることができますね。太陽が登ぼれば陰も生まれますが、今この漆黒の闇から生まれる太陽はその光で黒を白に反転させて、「白地に赤く」の日本の大和心が立ち上がると思いませんか。

内海　まさしくそうですね。ですからやはり、こういう宇宙の基本的なリズムとか法則性ということを摑めていると、自分自身の人生はもちろんですが、それを組織や社会、はては文明の変化のリズムにまで応用して観る能力にまでつながっていきそうですよね。

もともと易学にしても、個人の人生占いや運気好転のために使える狭い領域の学問ではないはずですし。

福田　そうですそうです。天地の理を知り、その変化の妙を知ることで、ときの為政者はその叡智を多いに参考にし、活用したと思いますよ。

それは、**宇宙自然のリズムや文明、歴史のリズムの中に、今の時代をどう位置づけて観るか、その中で自分の人生のリズムをどう位置づけて観るか、**ということでもありますから。

運命好転学は自分個人のことを入り口にしていただいて全然構わないのですが、そこからより広く社会や文明のリズムにまで意識を広げると、またグッと深い気づきにもつながると思います。

内海　ひいては、そういう観点が広がることで、自分自身の今世の生きる意味、人生観や死生観の深化にもつながりますよね。

単に日々の情報や出来事に振り回されるのではなくて、より広く、文明や自然、宇宙の流れの中で、そして悠久の真理のリズムの中で、自分の人生をどう見つめ直そうかと。

それは、「善く生きる」とは何か、という、ギリシャ哲学以来の人生の質の向上というテーマにも、きっと大きな意味合いを与えることになると思います。

福田　こういう対談やそれぞれの取り組みを通して、悟りの智慧が一般常識になって、それをいろんな形で応用して、みんなが笑顔になる世界が加速できていければ、私としては本当に、自分なりに歩み続けた笑顔人生冥利につきますね。

内海　福田さんにしてみれば、19歳の弥勒菩薩像でのドットから、ずっと歩まれた道ですものね。

笑顔人生のきっかけになった弥勒菩薩からのエピソードで、私が印象に残っているものがありまして、最後にそれを少しご紹介しつつまとめとしていけたらと思いますがよろしいですか？　弥勒如来や弥勒立像の話です。

コロナは弥勒時代の切り札

福田　なんと嬉しい。どうもありがとうございます。

私は19歳で弥勒菩薩に出会い今年でちょうど50年なんですよ。今から35年前から笑顔意識の集う文化団体、笑顔共和国を建国し「弥勒意識」という言葉を公に使い始めてから、福田さんは宗教的になったんじゃないかと言われたこともありましてね。仏教では、ブッダの入滅後、56億7000万の時を経て、未来を救う仏として下生のときを待つ未来仏、と言われているのですが、確かに、唐突に弥勒意識などと言っても誤解も受けやすいこともあるかなと思い、TPOをわきまえるようにしているんです。

でもせっかくですから、今回の対談の最後に、少し話させていただきますね。こちらも『ミロクの響き』という本の中にいくらか詳しく書かせていただいてますので、要点のみにいたしますね。

内海　まあここまでの流れから、何かを信仰するような話をしたいものでないことは十分すぎるほど汲み取っていただけてると思いますので、よろしいんじゃないでしょうか。

そもそも福田さん自身が、「私は弥勒菩薩をリスペクトしてるんです」って言われてるでしょう。なんか身近な知り合いくらいのノリですものね（笑）。

福田　そうなんですよ。それで逆に、リスペクトでは軽すぎていかがなものか、なんて言われたりしてるんですけどね。

でも、リスペクトっていうのは私のホントに素直な気持ちなんですよ。それは冒頭にお話ししたヤスパースの言葉のようにね。

広隆寺には、国宝第一号としての弥勒菩薩半跏思惟像「宝冠弥勒」がありまして、その弥勒の微笑みが私の笑顔人生の決定的なドットになったことはお話しさせていただきましたよね。

ヤスパースはその微笑みを見て、あの微笑みになるには相当の過ちを犯さなければなれない、と評しました。

そしてね、それは隣に座している「泣き弥勒」のことを同時に考えると、なおさら深く感じられることなのです。

内海　本から引用させていただきますと、ここのところですね。

つまり「過ちの数だけその罪に気づき、反省した数だけ微笑みは輝く。それも自分だけの罪の反省ではなく、全人類の罪は私の責任ですと懺悔し涙を流し立ち上がった姿の笑顔があの微笑みになった」と評された。

あの弥勒の微笑みに至る道には、多くの涙がある。「宝冠弥勒」と「泣き弥勒」は、一対なのだと気づいたのです。


こうして改めて伺うと、**笑顔と涙という陰陽関係を一対のものとして造形されていること**も、またそれをヤスパースが洞察し、福田さんも直感されてることは、本当に意味の深いことだなと思います。


福田　人間の罪や過ちといったことは、人間の本質的な弱さの現れでもありますよね。人は誰しも必ずそういうものを持っていて、何ひとつ過ちを犯さない聖人君子のような人はいないと思います。

その弱さは人生の悲しみや苦しみにもつながりますし、コロナ以後の今の時代のように、今までの常識や安定がどんどん崩れて未来不安が広がる時代は、人間の涙というものはなおさら切実なことになってくる。

けれども、その弱さにまっすぐに向き合いながら、それを乗り越えて反転し、微笑みの世界に至る強さというものも、人間は必ず持っていますから。

笑顔と涙という心の落差が一つになる世界、私はそのように相対二元の差が取れて心が大きく一つに広がることを「差・取り」で悟り、と呼んでいますが、弥勒菩薩は本当に、そういう象徴なのですね。

ですから私にとっては、リスペクトしてます、というのが一番しっくりくるのです。

内海　なるほどですねえ。その弥勒菩薩が、菩薩から如来となり、座っている状態から立ち上がって、さあ動き出そうとなったたと。そのお話も、象徴的だなあと思いましたので、よろしければぜひ。

福田　それは本当に、私自身がビックリしましたから。忘れもしない2019年の3月3日でしたね。壬生寺で松浦俊海貫主様の法話とあわせて本殿で私のお話の機会をいただいたときに、「弥勒は末法の世に釈迦如来になり代わり菩薩行を終えて弥勒如来として下生される」と私がお話しすると、それを聞かれた松浦貫主様が「奈良の唐招提寺には鎌倉時代から弥勒如来が座しておられますよ」と教えてくださったのです。

内海　菩薩というのは、まだ悟りを開く境地に達していない仏様とされてますよね。そして如来となると、悟りの境地を開いた仏様、ということになっていますから、弥勒菩薩から始まり、ついに弥勒如来との出会いへつながった、というのは、一つの解釈として考えても、すごく意義深い流れだなと感じます。

あともう一つは、弥勒菩薩の話ですが、「立ち弥勒」という仏像とご縁があったということで。

福田　はい。タオ・リズムのデザインをしてくださった萩原さんは、霧島の3丁目6－9に住まわれたときから弥勒アーティストとして活動されているのですが、その萩原さんが教えてくださいました。

私がもともとご縁あって授かっていた2体の観音様があったのですが、その佇まいが、萩原さんに教えていただいた快慶作の仏舎利を持った弥勒菩薩立像と同じだったんです。それで、観音様のお姿が弥勒様の立ち姿でもあったことに、たいへん驚いたんですね。今までは座っている弥勒様のイメージしかありませんでしたから。

それで思い出したのが、昔敦煌に行ったときに、足を交脚させた交脚弥勒を拝見したことがあったので、その状態からついに立ち上がられたのかと。

あくまで私の中の感覚ですけどもね、なにぶんリスペクトしていますので（笑）、直感的にそのように感じたのです。さらに、今のコロナ禍は、ミロク下生のときだと思っています。三千年に一度咲くという幻の花「優曇華《うどんげ》」が世界中で咲いたということがニュースにもなり、コロナ＝567は56億7000万の後に未来仏として下生するという「ミロク」と意味深い数霊だと思ったのです。

内海　ありがとうございます。目の前に起こる出来事をどう解釈するかは人それぞれとしても、その直感にはやっぱり、私も不思議な共感を覚えますね。

それに、自分の意志で決めたことが自分の現実、自分の宇宙を創造するということからも、それはやっぱり、福田さんの人生のドットにとってすごく大きな意味があることなのは間違いないと思います。

しかも、さっきの話にも出たように、今の時代は、現実的な視点で見れば本当にどんどん大変な状況になっていると思いますが、一方で、深い意識変容の波は着実に広がっていて、それが実社会に安定的に実装される試みも、いろんな方がいろんなアイディアやアプローチで進められている。

そういう意味では、ミロクが悟りを得た如来と成った、という意味合いと、固定して座っていた姿からついに立って歩き出せる姿に変わられた、ということは、時代的な文脈に押し広げて解釈してみるのも、意味のあることだと言えるんじゃないでしょうか。

個人にとって人生のドットやリズムがあるように、人間の社会や国家、文明にとっても、ドットやリズムがあるんですよね。

今の時代は、やっぱり、黒いドアを反転させて、未知なる未来が開けていく、大事な転換期なのだと、今回の対談を通して、改めて感じさせていただきました。

福田　内海さんは意味づけの天才ですね（笑）。ありがとうございます。弥勒が仏の世界とするならば、この時代の変化を神道風にいうならば、天照大神の天の岩戸開きのようなことかと思いますね。

あの場面では、世を照らす光が隠れてしまい、闇に覆われた世界の中で、八百万の神々は嘆き悲しみ、絶望に暮れてしまいますよね。

そこでアメノウズメがリズムをとって踊り出し、はだけて半裸になり笑いが起きて、そのリズムが他の神々にどんどん響き伝わって、ついには皆が笑いだしたのですよね。

その笑い声に誘われて天照大神が岩戸を少し開いたとき、そのスキマを大きく開かれたことで、高天原に再び光が戻ったと。今回の話を通じてみますと、改めて、たいへんシンボリックな場面だなと感じます。

そして、このときの笑った、というのは、「**一同、みな咲うた（笑った）**」というふうに、「咲く」という字が当てられていたと言われています。

「笑う」という文字の語源が「咲く」という意味にあるのですが、ちょうど、クローズされていたエネルギーが、ふっと反転していっぺんにオープンに広がるように。

まさしく、**天地が生まれる前のリズム、タオ・リズムがそのまま、岩戸開きの笑顔のリズムそのもの**なのですよね。

内海　それは素晴らしい符合ですね。「笑い」はその場を一瞬で和やかに包み込んで皆を仲良く心地よくしてしまう力があると思いますが、音の調子からも、わらい、やわらぎ、といった感じで、日本の和の心にもそのまま通じる気がします。

福田　ホントにそう思いますね。咲くと笑いは、和とまっすぐにつながります。

ニコニコわらうと、和心を心に宿しますからね。それがもっと大きく、宇宙も包むくらいの大きな和心になれば、大和心になります。

宇宙の全てを開いて、包んで、統《す》**べてしまう大和心というものは、日本の造化の神々の心にも通じるもの**だと思いますね。

内海　そう考えると、タオ・リズムというものは、実は縄文以来の日本民族の直観的な智慧や深い精神性、大和心といったものを、振動となって宇宙に響かせる、きわめて神道的なコンセプトなのかもしれませんね。

神々の笑いが闇を光に反転させたように、**神と人の境がほとんどないこの日本の精神文化ならではの力でもって、新しい時代の岩戸も開いていけるような反転の力が、これからきっと大きく動き出す**のだと思います。

そういう観点も含めて、ぜひ今回の対談がこれからの時代を共に生きる方々にとって、多少なりとお役に立つものになっていれば、本当に嬉しいなと思います。

福田　そうですね。きっとここからまた、素敵なご縁が広がって、より素晴らしい人生、より希望に満ちた時代への変化の波紋も広がっていくことでしょう。
このたびは対談でいろんなことをとても楽しく深めさせていただきました。
本当に、ありがとうございます。

内海　こちらこそ、どうもありがとうございました。この時代に生きている今世の人生で、思う存分、それぞれのタオ・リズムを奏でて参りましょう。

この地球は好奇心で分離を体験し
笑顔で響き合い
愛で一つに統合する
この繰り返しの呼吸から
永遠の魂に目覚める
と・こ・ろ

FUKUDA

UTSUMI

自分が今世、生まれ合わせた国。
生まれ合わせた時代、
生まれ合わせた惑星。
少しでも、幸せな方向へ好転するように。
小さな意志と意志を響き合わせて、
未来への道を。

おわりに

物の時代は何でも「ものさし」

心の時代は「こころざし」

いよいよこれからは一人一人が
天と「さしむかう」祈りの時代の到来です。

先日比叡山で誰とも会わず、ただ一人で法然様の下で山籠もりして20年の祈り行を成し遂げられた宮本祖豊阿闍梨にお目にかかりました。『覚悟の力』という本を出されていますが、私が「覚悟の位置はやはり腹、丹田ですか?」と伺うと「いえ私の覚悟の位置は足の裏です」といわれ感無量でした。「山籠もりで最も変わられた点は?」との問いに「怒ると体を壊すので穏やかになりました。心が穏やかであればそれを相手様にお見せするのも大切なこと。笑顔が一番ですね」と微笑まれたのです。

今回『タオ・リズム』出版にあたり必然の出会いが、まるでミルフィーユのように重なり幸せに導かれました。特に今回お世話になりましたヒカルランドの石井社長には自ら編集に携わって頂き感謝でいっぱいです。

「全ての道は笑顔に通ず」

この本を通して一人でも多くの方が自分軸を立ててタオリズムで運命好転の笑顔人生を歩まれる事を願ってやみません。

福田純子

＊　＊　＊

人間が宇宙空間の中に生きている以上、宇宙の中に隠された法則やリズムと自らの存在を響き合わせるという視点は、たいへん意義のあることだと思います。

それを悟りの智慧のひとつの応用とするならば、今回こうして福田純子さんとの対談を通してその可能性の一端を言語化できたことは、実にありがたい機会でした。

Taoism と易学の要点を独自の視点で融合しアップデートするという今回の試みがどこまで成功したかは読者の皆さんのご判断に委ねるほかありませんが、古来の先人たちの深遠な叡智をこうした形で現代風に再構築する試みは、楽しい時間でした。

今の時代のカオスの中から新たなコスモロジーが生まれてくるとき、タオ・リズムというコンセプトと運命好転学というメソッドが、未来社会のための進化の一助となれば、これに過ぎる喜びはありません。
　出版に携わっていただいた石井社長に深く感謝すると共に、この書籍を通したご縁で結ばれる皆さんとの未来への共振、共鳴、共奏を、心から楽しみにしています。

内海昭徳

別章

もっとよく知る「運命好転学」資料

1983	S58	亥	25	56	24	55	25	56	26	57	28	58	29	59
1984	S59	子	30	1	30	1	31	2	32	3	34	4	35	5
1985	S60	丑	36	7	35	6	36	7	37	8	39	9	40	10
1986	S61	寅	41	12	40	11	41	12	42	13	44	14	45	15
1987	S62	卯	46	17	45	16	46	17	47	18	49	19	50	20
1988	S63	辰	51	22	51	22	52	23	53	24	55	25	56	26
1989	H1	巳	57	28	56	27	57	28	58	29	0	30	1	31
1990	H2	午	2	33	1	32	2	33	3	34	5	35	6	36
1991	H3	未	7	38	6	37	7	38	8	39	10	40	11	41
1992	H4	申	12	43	12	43	13	44	14	45	16	46	17	47
1993	H5	酉	18	49	17	48	18	49	19	50	21	51	22	52
1994	H6	戌	23	54	22	53	23	54	24	55	26	56	27	57
1995	H7	亥	28	59	27	58	28	59	29	0	31	1	32	2
1996	H8	子	33	4	33	4	34	5	35	6	37	7	38	8
1997	H9	丑	39	10	38	9	39	10	40	11	42	12	43	13
1998	H10	寅	44	15	43	14	44	15	45	16	47	17	48	18
1999	H11	卯	49	20	48	19	49	20	50	21	52	22	53	23
2000	H12	辰	54	25	54	25	55	26	56	27	58	28	59	29
2001	H13	巳	0	31	59	30	0	31	1	32	3	33	4	34
2002	H14	午	5	36	4	35	5	36	6	37	8	38	9	39
2003	H15	未	10	41	9	40	10	41	11	42	13	43	14	44
2004	H16	申	15	46	15	46	16	47	17	48	19	49	20	50
2005	H17	酉	21	52	20	51	21	52	22	53	24	54	25	55
2006	H18	戌	26	57	25	56	26	57	27	58	29	59	30	0
2007	H19	亥	31	2	30	1	31	2	32	3	34	4	35	5
2008	H20	子	36	7	36	7	37	8	38	9	40	10	41	11
2009	H21	丑	42	13	41	12	42	13	43	14	45	15	46	16
2010	H22	寅	47	18	46	17	47	18	48	19	50	20	51	21
2011	H23	卯	52	23	51	22	52	23	53	24	55	25	56	26
2012	H24	辰	57	28	57	28	58	29	59	30	1	31	2	32
2013	H25	巳	3	34	2	33	3	34	4	35	6	36	7	37
2014	H26	午	8	39	7	38	8	39	9	40	11	41	12	42
2015	H27	未	13	44	12	43	13	44	14	45	16	46	17	47
2016	H28	申	18	49	18	49	19	50	20	51	22	52	23	53
2017	H29	酉	24	55	23	54	24	55	25	56	27	57	28	58
2018	H30	戌	29	0	28	59	29	0	30	1	32	2	33	3
2019	H31/R1	亥	34	5	33	4	34	5	35	6	37	7	38	8
2020	R2	子	39	10	39	10	40	11	41	12	43	13	44	14
2021	R3	丑	45	16	44	15	45	16	46	17	48	18	49	19
2022	R4	寅	50	21	49	20	50	21	51	22	53	23	54	24
2023	R5	卯	55	26	54	25	55	26	56	27	58	28	59	29
2024	R6	辰	0	31	0	31	1	32	2	33	4	34	5	35
2025	R7	巳	6	37	5	36	6	37	7	38	9	39	10	40
2026	R8	午	11	42	10	41	11	42	12	43	14	44	15	45
2027	R9	未	16	47	15	46	16	47	17	48	19	49	20	50
2028	R10	申	21	52	21	52	22	53	23	54	25	55	26	56
2029	R11	酉	27	58	26	57	27	58	28	59	30	0	31	1
2030	R12	戌	32	3	31	2	32	3	33	4	35	5	36	6
2031	R13	亥	37	8	36	7	37	8	38	9	40	10	41	11
2032	R14	子	42	13	42	13	43	14	44	15	46	16	47	17
2033	R15	丑	48	19	47	18	48	19	49	20	51	21	52	22
2034	R16	寅	53	24	52	23	53	24	54	25	56	26	57	27
2035	R17	卯	58	29	57	28	58	29	59	30	1	31	2	32

	属性	Sharp（+）	Soft（−）
1～10	土の人（理性）	子・寅・辰・午・申・戌	丑・卯・巳・未・酉・亥
11～20	金の人（感性）		
21～30	火の人（理性）		
31～40	風の人（感性）		
41～50	木の人（理性）		
51～60	水の人（感性）		

・表より出た数字に誕生日を足す。60以上は60を引いた数。
【Sharp】子・寅・辰・午・申・戌
【Soft】丑・卯・巳・未・酉・亥

生年・月交叉数表

西暦	和暦	干支	1月	2月	3月	4月	5月	6月	7月	8月	9月	10月	11月	12月
1924	T13	子	15	46	15	46	16	47	17	48	19	49	20	50
1925	T14	丑	21	52	20	51	21	52	22	53	24	54	25	55
1926	S1	寅	26	57	25	56	26	57	27	58	29	59	30	0
1927	S2	卯	31	2	30	1	31	2	32	3	34	4	35	5
1928	S3	辰	36	7	36	7	37	8	38	9	40	10	41	11
1929	S4	巳	42	13	41	12	42	13	43	14	45	15	46	16
1930	S5	午	47	18	46	17	47	18	48	19	50	20	51	21
1931	S6	未	52	23	51	22	52	23	53	24	55	25	56	26
1932	S7	申	57	28	57	28	58	29	59	30	1	31	2	32
1933	S8	酉	3	34	2	33	3	34	4	35	6	36	7	37
1934	S9	戌	8	39	7	38	8	39	9	40	11	41	12	42
1935	S10	亥	13	44	12	43	13	44	14	45	16	46	17	47
1936	S11	子	18	49	18	49	19	50	20	51	22	52	23	53
1937	S12	丑	24	55	23	54	24	55	25	56	27	57	28	58
1938	S13	寅	29	0	28	59	29	0	30	1	32	2	33	3
1939	S14	卯	34	5	33	4	34	5	35	6	37	7	38	8
1940	S15	辰	39	10	39	10	40	11	41	12	43	13	44	14
1941	S16	巳	45	16	44	15	45	16	46	17	48	18	49	19
1942	S17	午	50	21	49	20	50	21	51	22	53	23	54	24
1943	S18	未	55	26	54	25	55	26	56	27	58	28	59	29
1944	S19	申	0	31	0	31	1	32	2	33	4	34	5	35
1945	S20	酉	6	37	5	36	6	37	7	38	9	39	10	40
1946	S21	戌	11	42	10	41	11	42	12	43	14	44	15	45
1947	S22	亥	16	47	15	46	16	47	17	48	19	49	20	50
1948	S23	子	21	52	21	52	22	53	23	54	25	55	26	56
1949	S24	丑	27	58	26	57	27	58	28	59	30	0	31	1
1950	S25	寅	32	3	31	2	32	3	33	4	35	5	36	6
1951	S26	卯	37	8	36	7	37	8	38	9	40	10	41	11
1952	S27	辰	42	13	42	13	43	14	44	15	46	16	47	17
1953	S28	巳	48	19	47	18	48	19	49	20	51	21	52	22
1954	S29	午	53	24	52	23	53	24	54	25	56	26	57	27
1955	S30	未	58	29	57	28	58	29	59	30	1	31	2	32
1956	S31	申	3	34	3	34	4	35	5	36	7	37	8	38
1957	S32	酉	9	40	8	39	9	40	10	41	12	42	13	43
1958	S33	戌	14	45	13	44	14	45	15	46	17	47	18	48
1959	S34	亥	19	50	18	49	19	50	20	51	22	52	23	53
1960	S35	子	24	55	24	55	25	56	26	57	28	58	29	59
1961	S36	丑	30	1	29	0	30	1	31	2	33	3	34	4
1962	S37	寅	35	6	34	5	35	6	36	7	38	8	39	9
1963	S38	卯	40	11	39	10	40	11	41	12	43	13	44	14
1964	S39	辰	45	16	45	16	46	17	47	18	49	19	50	20
1965	S40	巳	51	22	50	21	51	22	52	23	54	24	55	25
1966	S41	午	56	27	55	26	56	27	57	28	59	29	0	30
1967	S42	未	1	32	0	31	1	32	2	33	4	34	5	35
1968	S43	申	6	37	6	37	7	38	8	39	10	40	11	41
1969	S44	酉	12	43	11	42	12	43	13	44	15	45	16	46
1970	S45	戌	17	48	16	47	17	48	18	49	20	50	21	51
1971	S46	亥	22	53	21	52	22	53	23	54	25	55	26	56
1972	S47	子	27	58	27	58	28	59	29	0	31	1	32	2
1973	S48	丑	33	4	32	3	33	4	34	5	36	6	37	7
1974	S49	寅	38	9	37	8	38	9	39	10	41	11	42	12
1975	S50	卯	43	14	42	13	43	14	44	15	46	16	47	17
1976	S51	辰	48	19	48	19	49	20	50	21	52	22	53	23
1977	S52	巳	54	25	53	24	54	25	55	26	57	27	58	28
1978	S53	午	59	30	58	29	59	30	0	31	2	32	3	33
1979	S54	未	4	35	3	34	4	35	5	36	7	37	8	38
1980	S55	申	9	40	9	40	10	41	11	42	13	43	14	44
1981	S56	酉	15	46	14	45	15	46	16	47	18	48	19	49
1982	S57	戌	20	51	19	50	20	51	21	52	23	53	24	54

6属性±12タイプの特徴

これから6属性12タイプの解説をします。それぞれのタイプの特徴を理解し、その特徴を活かしてこそ、自分らしく生き、運命を好転できるということを理解してください。

【水の人】器用で世渡り上手、積極柔軟な現実主義者

水の性質のごとく、臨機応変に対応し、見事に人間関係を保てるタイプ。頭を使うことよりも、直感を活かして行動できる。何事にもフットワークが軽く、実践派である。どの属性の人より中央（舞台）を好み、人に対するアピールが上手。メリットがあると感じると、創造力を駆使し、見えないものを表現したり形にすることができる。

明るいことや楽しいことに価値観が高く、暗い話や気まずい状況を察知すると、長引か

せることなく、きっぱりと見切りをつけることができる。そのため、見方によっては、打算的とみられることもある。

代々受け継いできたものを相続するよりも、自分の力で人生を切り開き、初代で成功する力を持っている。

好転のポイント：

人間関係でグチを言い出すと危険信号。水の人は、冷えが万病のもととなりやすいため、身体を温める。アルコール、夜更かしはタブー。人見知りや引っ込み癖のある人は、好転思考を心がけ、本来の明るさを発揮して生きること。深く考える前に行動するタイプなので、一呼吸おいて考える余裕を持つ。

好転メッセージ：

水の人は明るいことに対する価値観が高いため暗いことはダメだと思っている人が多いのですが、暗いという文字はお日様の音と書かれています。目の前が真っ暗になっても暖かいお日様の音が聞こえてくるのです。ましてや、明るい文字にはお日様（日）が1つだが、暗という文字には2つあります。お日様が横と下に付き添って早く立ち上がりなさいと全面応援している文字なのです。暗いといえどもお日様の音なのだと思う心の優しさを養っていきましょう。

［水（＋）の人］華やかなことが大好きな目立ちたがりや

寂しがりやな面もあるが、自分が中心になることで、多くの人を楽しませる才能を持っている。家庭においては、愛想がない面もある一方、外ではサービス精神旺盛で、周囲の人からの評価も高い人気者である。

金銭感覚は現実的で、直観力にも優れ、目標に向かって突き抜ける行動力がある。よきライバルに出会うことで、より才能・実力を伸ばせる特徴を持つ。

［水（−）の人］目的追求、行動優先の現実主義者

人が何を求めているか、何をすると嫌われるか敏感に察知する能力に長けている。そのため、自分の得になることに対しては、そのコミュニケーション力を活かし、人に尽くすことができる。演じることも得意で甘え上手、誰でも分け隔てなく親切にすることができ、

人を魅了する力を持っている。

じっくりと取り組むより、早く成果を挙げようとするため、短期決戦で力を発揮する。人見知り、寡黙、用心深い人もいる。

〔好転学的読み解き術〕

◆**競争**：相手に対して戦うことだけでなく、良い意味で切磋琢磨する意味も含む。競争心もそのエネルギーの方向性を変えることで、優しさ競争、思いやり競争とすることができる。

◆**逃げ足が速い**：危険や変化に対する対応力に長けていると読む。

◆**打算的**：打算的エネルギーは、確かな実行力につながる。深く考えるよりも行動することで結果的に成果を出せると読み解く。

【木の人】地道で正統派、努力を惜しまぬ大器晩成タイプ

木の性質のごとく、自分の立場（根）を大切にする堅実派。手堅く、何事も慎重なため、

行動するまでに時間がかかるが、いったん納得すると綿密な計画を立てて行動する。人の話を参考にすることよりも、自分で結論を出そうとする傾向が強い。

伝統的、古風なものを好み、気配りができ、働き者である。幼いころに何らかの苦労をする人も多く、落ち着いた大人の魅力を備え、遅咲きの人が多い。

形にすることや資格を取ることに価値を感じる。特に女性は、肝の据わったしっかり者が多く、家庭においては、手堅く切り盛りできる。逆に、男性は強がらず、お尻にしかれるタイプも多い。子供の教育には厳しい人が多い。自分の立場をはっきりさせることで、実力を発揮する。

好転のポイント：

慎重派も多くスタートダッシュが苦手なので、運気の春には積極的に行動するよう心がける。最終結論は自分で出すことのできる人なので、人の話をしっかりと聞くことで自分の決断もより好転させることができる。

あまり親しくない人と接するときは、笑顔が特に大切。臨機応変が苦手な人は仕事に慣れるまで勉強の時間だと思って、大器晩成を座右の銘に、コツコツ行動するのが好転のコツ。

好転メッセージ‥

自分の意に沿わないことなどマイナスの感情があると、話が長くなる傾向にあるので、慎重という特徴を活かして、マイナス感情に対するブレーキをかけましょう。

［木（＋）の人］真面目で慎重派のマイペースタイプ

自分自身の考えをしっかりと持っていながら、気さくにふるまうことができる。職場では勤勉、頭が良く、仕事熱心。他人の意見に左右されることなく、最後までマイペースに物事をすすめることができる。半面、融通がきかない頑固な面もあり、自己主張は得意だが、おしゃべりが過ぎると注意が必要。手が器用で、機械に強く、それを活かした職業の人も多い。

［木（－）の人］気配り上手で話題も豊富な堅実タイプ

おしゃべりが巧みで声に魅力がある。味覚に鋭く、女性は料亭の名物女将やお料理上手な妻が多い。古風で粋な人。渋い大人。美的センスに優れている。皆で力を合わせて早く成果を求めることより、マイペースで取り組むのが得意。目先にとらわれず、着実に人生を歩むことで、成果を出していく。単調なデスクワークにも向いている。自尊心を表に出すことはなくても、はっきりとした自分の考えを持っている。

〔好転学的読み解き術〕

頑固とは：自身の在り方に対する信念が固い。固いという特徴を信念と結びつけることにより、目標・志の達成につなげようとすると読み解く。

マイペース：目的をしっかり定めて、ウサギと亀の亀のように、人の言葉やペースに惑わされることなく、目標を達成しようとする力であると読み解く。さらに「自分とは自らを分け与える」と解き、そのマイペースを人のために活かすことで、自他ともに運気好転につながると読む。

【風の人】人間愛に溢れた平和主義者

人に与えることや尽くすことが自然にでき、時として自分の机が散らかっていても人の机を片付けている人もいるほど奉仕精神旺盛なタイプである。その一方、性格は優しさと激しさを併せ持っており、自分をどう見ているのかという人からの評価を気にするタイプが多い。一見気さくに見えるが、外に気を使い身内には気を使わない。このタイプはボランティア活動のように人に尽くすことで運気が上がる。

時間にルーズな面もあり、人のことを思うあまりに、自分の決断が遅れることもある。直観力に優れ、芸術家やデザイナーなどクリエイティブな仕事で活躍する人も多い。世話好きな庶民派で頼りにされると、とことん尽くす。正義感が強くどんな人に対しても平等にふるまい、その平和人としてのあり方が成功をもたらす。

好転のポイント：

持ち前の直観力や創造力を活かし、勇気をもって行動することで、運命を切り開く。お金よりも人徳を積むことで、本来の特性を活かすことができる。

好転メッセージ：

自分の感性に基づき、人目を気にせず、決断し行動することで、風の人らしい、愛と平和の牽引者になれますよ。

［風（＋）の人］感性豊かで義理人情に厚いタイプ

優しく包容力があり、信頼がおけるタイプ。自分より他人のことを優先するため、自分の意思表示を明確にすることができず、優柔不断とみられることもある。争いごとを嫌い和を大切にする。人の喜びを自分の喜びとして捉えるため、奉仕をいとわない。人が困っていることを見過ごせず、手を差し伸べることができる。人への配慮ができる半面、思いのあまり感情にスイッチが入ると口が災いすることもある。

［風（−）の人］人の心に寄り添い、暖かく友愛に満ちたタイプ

悩んでいる人に自然と寄り添い、手を差し伸べる。話をよく聞くことができ、優しい言葉で人を癒す。正義感にスイッチが入ると、一心に尽くすこともできる。甘え上手の半面、人への期待が大きく、人に裏切られたり利用されたりすると、自分のからに閉じこもり、人間嫌いになることもある。

摩擦を嫌うため、つい仲裁役を買って、同情心から両方の味方になって困る。

〔好転学的読み解き術〕

優柔不断：人への気遣いから、いろいろな可能性に配慮できる優しさと読み解く。

【火の人】頭脳明晰で用意周到、白黒はっきりさせたいタイプ

頭脳明晰で、問題意識から物事を見抜く力があり、何事においても、狭く深く追求探求する。精神的にも肉体的にも強く、地道にストイックなまでに努力する能力に長ける。人として秩序をわきまえていて、プライドが高く、馬鹿にされることを嫌い、気丈にふるまうところもある。頭の回転がよい分、考えすぎると行動が伴わなくなることもある。

お世辞や頭を下げることを嫌い、はっきりとした口調で理路整然と話す能力があり、人に教えることに長けている。お金儲けや営業には疎《うと》い。

白か黒かはっきりとさせたいという性格で、好き嫌いがはっきりとしている。

お昼の時間が弱く夜に強いタイプで、徹夜が平気な人や夜の街で成功する人も多い。

好転のポイント：
考えすぎると行動が伴わなくなる傾向があるので、評論家にならないように注意。理路整然と話をすることから近寄りがたい印象を持たれるので、笑顔を心がける。

好転メッセージ：
白黒はっきりさせる傾向が強いため、許容範囲を拡げ、不完全なことを不完全なまま受け入れる度量を身につけましょう。
自他ともに、厳しいところがあるので、くつろぐときはくつろぎ、時にはリラックスすることも心がけましょう。

「火（＋）の人」問題検索能力に長けた、意志の強い学者タイプ

知的で清潔感があり周囲をピリッとさせる引き締め役。控えめだが、身の回りのことによく目が行き届き、目上の人に好感を持たれる。論理的思考に長け、真実を重要視し、自他ともに厳しい要求をする傾向がある。一方で、情に厚く、家族的あり方や仲間を大事に

する。非常に頑固なこだわりも持つが、サババサバとして、何事もあまり引きずらない。

〔火（一）の人〕忍耐力に長け、プライドを持ってクールに努力を重ねるタイプ

自分で鍛え、磨き上げる努力家。自身の心が折れるまであきらめない粘り腰を持っているため、長い勝負に強い。喜怒哀楽の表現が苦手で、派手なスタンドプレイはないが、責任感が強く頼りになる。頑固な面があり、自分のミスを素直に認めず、とことん意見し、わからせようとする。そのため、クールで周囲になじむのに時間はかかるが、いったん打ち解けると、大きな障害も克服し、大事業を成し遂げる。

〔好転学的読み解き術〕

馬鹿にされる：馬鹿にされることが問題ではなく、思慮深い考えや行動で結果を示すことを重要視する。馬鹿にされても思考力の差を感じることができるという読み解き。

【金の人】多方面に才能・スキルを持つ器用なタイプ

何事にも器用で察知能力に長ける。やんちゃで子供っぽく何にでも興味を持ち、いつもキラキラして気持ちが若い。人間関係はあまり深く関わらない人も多い。広く浅くフットワーク軽い行動派。スタートダッシュ、爆発力はあるが継続力責任感に多少欠けるところもある。完成したものよりも、プロセスに興味を持つ。目先が変わるのが好きで変化に対応できる人が多い。その半面、何をやっても長続きしない飽きっぽい性格とみられることもある。

意外と世間体にこだわる人も多い。デスクワークよりも、営業・経営者に向いている。お金儲けは好きだが、貯金は苦手。

好転のポイント：

金の人は、宝石や貴金属などキラキラしたものを身につけると、本来の自分の特性を発揮できないので、自分自身を宝石のように輝かせることを心がけるとよい。

好転メッセージ：

リーダーシップにこだわるよりも、フレンドシップを心がけることで、チーム力を発揮できる。仲間意識・連帯感を持ち、最後までやり抜くよう心がけましょう。

［金（＋）の人］新しもの好きの明るく元気な自由人

束縛を嫌い、好奇心が強く常に前向き。新しいことにも積極的にチャレンジし、誰からも好感を持たれる。

一見、わがままでソフトタッチ、子供のように見えるが、内面は成熟している。若々しさと好奇心が魅力、その特徴を活かすことで人脈が広がる。株、ファンド、投資、賭け事などには向かない。

［金（－）の人］自由かつマイペースで社交性豊かな人

既成概念や人の意見にとらわれず、マイペースを意識し実行することで目的を達成する人が多い。独自のアンテナを持ち、情報をいち早くキャッチすることから、流行の先端を創り出す才能に溢れている。口下手な半面、聞き上手な人が多く、好感を持たれる。

〔好転学的読み解き術〕

飽きっぽい性格：常に新しいことに興味があり、フットワークよく動けることが、金の人の本来の特徴。それを活かすために、燃え続けるものを求める性格であると読み解く。

【土の人】品格に溢れ、プライドが高く正義感とこだわりが強いタイプ

礼儀正しく、清潔感があり、責任感が強い。教養が高く、自分の価値観を相手にも求める人が多い。教科書どおり、手順を踏んでまじめにスキルを身につける人が多く融通が利かない面もある。

こだわりを捨てることで創造的なセンスやクリエイティブな才能を発揮する。中には突然宇宙人のような発想をする人もいる。

プライドが高いようにみられることもあり、若いうちから人間関係の距離のあり方に苦労をする人も多い。とても真面目なタイプが多くいったん決めたら行動は早く集中力と継

続力がある。親や師匠や上司に従順で、地位や格式を大切にする。何に対しても気が抜けず真面目すぎて面白みに欠ける堅物も多い。甘い物好きで美食家が多く、料理上手も多い。

好転のポイント：
清潔感を保つ、品格を重んじ、清廉潔白に生きることが、なによりも土の人にとって大切なこと。
些細なことでもプライドにこだわりすぎる傾向があるため、包容力を心がけ、心にゆとりを持つことで、コミュニケーション力がアップする。

好転メッセージ：
何事もまじめに考えすぎる傾向があるので、気負いすぎず、意識的に力を抜くように心がけて取り組むと本来の創造性が発揮できるようになります。

［土（＋）の人］品格を重んじ、清潔感と向上心に溢れた平和主義者

理想や平和に対しては、はっきり主張する。責任感を抱くことに対して、何事にも努力を惜しまず、リーダーシップを発揮する。半面、思いの強さから、辛辣《しんらつ》な対応になることや言葉が足りないこともあるため、誤解を生じ、なんとなく冷たい、お高く止まっているとみられることもある。そのため、自分の思いとのギャップに悩みを抱えることもある。内面は情に厚く、人望もある。プライド高く高級嗜好。日常の些細なことには弱く、妙に気にするところもあるが、理想や平和に対する思いにスイッチが入ると大きな力を発揮する。

〔土（－）の人〕几帳面で、コミュニケーションに長けた堅実タイプ

自らルールを作り、計画を立てて進む優等生。向上心や粘り強さから、計画管理に優れる。人の話に耳を傾け、言葉に説得力があるため、人望がある。面倒見よく、誠意を尽くす、細かな心配りができるので、男性は研究やロマンを追い、女性は良妻賢母と言われる人が多い。

また、自分の出番があるまでは積極的には動かない受け身タイプでもある。

〔好転学的読み解き術〕

プライドが高い：理想や平和に基づいたプライドは、未来志向の崇高なものであり、土の人が持つ大きな特徴であると読み解く。

受け身タイプ：武道においても、受け身が最も大切と言われるように、計画実行のために与えられた「時」を待つと読み解く。

干支の持つ特性

易学の中では、干支にいろいろな成り立ちや意味の持たせ方があります。運命好転学では、文字の成り立ちをはじめ、その特性を独自に読み解き、皆さんが活用しやすいようにまとめました。

子

●文字が意味すること
孔→子：新しい命を内在する種が、穴に蒔かれる様
穴のような暗いところに生息する小動物の代表として子があてがわれた。

●行動特性

・用心深く、冷静。
・行動は慎重で、着実である。
・順応性に長け、こじんまりと群れることが得意。
・追いつめられると、予想外の行動をとることがある。

●家族・人間関係
・他人に自分の内面を見られたくない。
・家族や仲間を大切にし、面倒見がよい

●働き方
・疲れを惜しまず、マメに働く。

●金銭感覚
・計画性のある倹約家。

丑

●文字が意味すること

紐→丑：穴の中にありながら、まだ動きのなく、紐で縛られたように頑強である様。紐で縛られながらも、忍耐強く農作業を続けられる様子からその代表として、丑があてがわれた。

●行動特性

・忍耐強く、一度決めたことは守り通す。
・納得したら一直線。
・持久力があり、長期戦に強い。
・派手さはないが、堅実である。

●家族・人間関係

・人間関係はおおらかで神経質になることが少ない。

●働き方
・飛び込み営業に向かず、管理に向く。

●金銭感覚
・しっかりしていて、未練を持たない。

寅

●文字が意味すること
演→寅：生物が活動・行動（演出）を始める様。
動物の中でも、素早く飛び出して獲物を捕らえる様子から寅があてがわれた。

●行動特性
・誰もやっていないことでも、先頭を切ってチャレンジできる。
・個人プレーが得意。
・長距離よりも短距離選手型。

・一瞬で人目を引き付ける魅力がある。
・リスクを怖がらない。
・本物を見抜く力がある。

●家族・人間関係
・一人の時間を楽しめる。
・血縁に関係なく、愛情を持てる。

●働き方
・開拓心強く、切り込み隊長として新規営業などが得意。

●金銭感覚
・よいと思ったことには、積極的に自己投資ができる。

●文字が意味すること

柳↓卯：瑞々しい緑色の葉をつける柳が、柔らかくしなやかに一体となって揺れ動く様。純粋な柔らかさ、協調性に富む動物として、卯があてがわれた。

●行動特性

・ハーモニー能力に長けた平和主義。
・穏やかで礼儀正しい。
・堅実でマイペース。
・流行などの情報収集能力、分析力に長ける。

●家族・人間関係

・いつも人の存在を感じていたいさみしがりや。
・保守的で、家族を大事にする。
・愛嬌があり、可愛がられる。

●働き方

・情報察知能力を活かすことで成果を上げる。

●金銭感覚

・計画性をもって手堅く使う。

辰

●文字が意味すること

震↓辰：生物が奮い立つ様。

雷など自然エネルギーにより刺激を受けた生物が目覚め、天の声に奮い立つ様子から、架空の動物である辰があてがわれた。

●行動特性

・気性が激しく、勘が鋭い。

・集中力があり、向上心が強い。

・奇想天外、創造力に長ける。

・勝手、気ままに行動。
・価値観がはっきりしている。

●家族・人間関係
・優しさと激しさの両面を持つ。
・裏表なく人付き合いできる。

●働き方
・直感力、創造力、理論的・分析力を活かし、リーダーに向く。

●金銭感覚
・現金にとらわれることなく、投資など幅広い金銭感覚を持つ。

巳

●文字が意味すること

忋↓巳：己の心、辰の震に対して、内側の心が奮い立つ様。万物の繁盛の極まり。内面にあるエネルギーを手も足もない巳が、全身全霊で体現していくことから、巳があてがわれた。

●行動特性

・何事にも粘り強く、注意深い。
・物静かでクール。
・受け身・保守的である。
・気取り屋が多く、洋服のセンスも気に入ったらこだわる。

●家族・人間関係

・人との関りは、淡々としていて、好き嫌いがはっきりしている。
・好きな人に対しては、独占欲が強く、やきもち焼きもいる。

●働き方

・粘り強さを発揮して、冷静に仕事をこなす。

●金銭感覚
・しっかり者である。

午

●文字が意味すること
杵↓午：目的を達成し花が開花した様。
お祝いの餅つきに使用する杵から、華やかな午があてがわれた。

●行動特性
・新しいものが好きで、チャレンジ精神に富む。
・陽気で明るく、落ち込まない。
・社交的で、賑わいを求める。
・独立心強く、自由を求める。
・何事も、テンポよく進める。

●家族・人間関係

・人付き合いよく、誰とでも気軽に友達になれる。

・お人よしで情に厚い。

●働き方

・競争心があり、よきライバルに恵まれると、より大きな成果を出せる。

・

●金銭感覚

・金銭感覚はしっかりしているが、使うときは派手。

未

●文字が意味すること

味→未：曖昧で、けだるい様。

元気があるかどうか、わからない。たくさんの毛で覆われた羊のように、自分の本質を包み隠すという様子から、未があてがわれた。

●行動特性

・争いを好まず、人あたりがソフト、あまり本音を語らない。
・演じるのが上手。
・人の心を察知するのに長けている。
・押しは強くないが、芯は強い。
・単独行動を嫌い、団体行動を好む。

●家族・人間関係

・優しくされることを好む。
・人に合わせながらしっかりと観察し、行動するしたたかさがある。

●働き方

・組織の中で、力を発揮する。

●金銭感覚
・将来の生活を見据えてしっかり資金運用できる。

申

●文字が意味すること
坤↓申：物を成長させる土が、次の世代を生み出すことを送り申すと表現される。木から木へと渡る（送り申す）様子から申があてがわれた。

●行動特性
・智慧があり、何事にも器用。
・素早く手早く合理的な行動力に優れる。
・リーダー的立場を好む。
・根性があり、へこたれない。

●家族・人間関係
・群れを成すのが好き
・束縛されたくないけど、束縛したがる。

●働き方
・手先が器用で、技術力を活かすことで能力を発揮。
・事業戦略などを策を考えるのが得意。

●金銭感覚
・派手に見えるが合理的で無駄遣いをしない。

酉

●文字が意味すること
酒→酉：万物が成熟し極まった様。
実りの象徴である稲穂（米）が、さらに熟し醱酵して酒となる。動物の中で、全てを眼下に見通し、成熟した智慧を持った様から酉があてがわれた。

●行動特性
・俯瞰して物を見ることができ、視野が広い。
・頭脳明晰である。
・ペアで動くのが好き。
・着飾るセンスがある。
・完成したものを手に入れるのが上手。

●家族・人間関係
・ペアで動くことを好む
・本心は限られた人にしか見せない。

●働き方
・几帳面で仕事師に向き、計画立案、データー分析など得意。

●金銭感覚
・合理的運用に長ける。

戌

●文字が意味すること
茂→戌：実りを収穫し、倉に収める様。
指示に従い忠実に倉に収める様子から、忠義の代表である戌があてがわれた。

●行動特性
・律儀で正直。
・忠実、従順、義理人情に厚い。
・何事にも手を抜かず、最後までやり遂げる。
・臭覚が敏感で用心深く、隙を見せない。
・世話好き。

●家族・人間関係
・情に厚く一途に、信じた相手は生涯を掛けて愛する。
・主人を立て、一家を守る一員として活躍する。

●働き方
・忠誠心に富み、忠実に仕事をこなす。

●金銭感覚
・手堅いが、情に関わると、財布の紐が緩む。

亥

●文字が意味すること
核→亥：種の中にある種を核（がい）と表わし、生命が終わりを告げても、次への生命がある様。
生命が終わり、生物がおとなしく眠りにつく冬の時期、最後まで力強く動き回る様子から、亥があてがわれた。

●行動特性
・猪突猛進、直角行動型。
・道徳心厚く、人情的。頼まれごとを断れない。
・行動力があり、曲がったことが大嫌い。
・正義感が強く、自他ともに厳しい。
・凝り性な面と淡白な面、せっかちで繊細、パワフルで早いが続かないなどの二面性を持つ。

●家族・人間関係
・愛情深く、お人よし。
・血縁関係を大事にする。

●働き方
・冒険心、行動力があり、新規開拓などの仕事で能力を発揮。

●金銭感覚

・直感を活かして、資金運用できる素質を持つ。

【運命好転学体験者からの手紙】

福田純子先生

この度は、大変お世話になりありがとうございました。

お礼の手紙を書かせていただきます。

私はここ数年身体の調子と心の調子も良くない日々が続いていまして、いつもモヤモヤしていました。

そんな時、先生の講座のお知らせが、ヒカルランドさんのメルマガで届きました。「運命好転学」に最初全く興味がなかったのですが、先生の笑顔のお写真を見た途端、「この方にお会いしたい！」と思い深く考えもせず講座を申し込みました。

そんないきさつですから、当日も相談事等思いつけず、ぼんやり坐って、厳しかった両親や現在の家族のことなどをボソボソと話しました、すると先生は、私の「笑顔の羅針盤」を持ってきてくださり「ああなたは真冬に生まれたシンデレラさん。シンデレラになるためには、いっぱいいじめられて苦労しなければならないのよね。あなたがシンデレラになって幸せになるために、あなたの御両親は惜しみなく協力してくださったってことよね」と、ニコニコしながらおっしゃいました。それを聞いた私の衝撃はとても言葉では言い表わせません。自分の中の全てが止まってしまった感じ。私は幼い頃から両親、特に母親から日常的に身体的暴力と言葉の暴力を受け続けてきました。

それから身を守る為にひたすら良い子になり両親から逃げたい一心で、早くに結婚しました。この年齢になっても、両親へのゆがんだ感情が消えることはなく、この先この二人を介護することになるのかと思うと絶望的な気分になるのでした。

そしてそんな風に考える自分を「悪い娘だ」と自分で責め裁いて更に苦しんでいました。ところがです。私はとんでもない誤解と逆恨みをしていたのかもしれない。

私の心の中にオセロ盤があるとしたら、それは真っ黒な石でほぼ埋めつくされていました。

ところが「あなたは真冬に生まれたシンデレラさん」という先生の一言が白く輝く石となり私のオセロ盤の上にポンと置かれた。その瞬間真黒だった私のオセロ盤は一気にバタバタと反転し真白になってしまったのです。

そしてこの盤の上には石を置く場所がもうどこにも無いから、私のオセロ盤はこの先ずっと白いままなのだと、はっきり感じたのです。なんという安らきでしょう。

恐る恐る私は、自分の人生をふり返ってみました。

今までは惨めだった思い出や寂しかった事、悲しかった事しか思い出すことができず、それは子供時代から学生時代、結婚してから今に至るまでどの時代を切り取ってもそうでした。


私は灰色に濁った水の中に61年間漂っていたような感覚をいつも持っていました。ところが、どういうわけかそういう辛い思い出が、ひとつも思い出せないのです。どんなに思い出そうとしても、どこに消えてしまったのか、ひとつも思い出せないのです。

そしてそのかわりにそれまで全く思い出せなかった嬉しい思い出や楽しかったでき事が、後から後から出てくるのです。私の61年間て、こんなに楽しくて幸せだったの？

激しい驚きと圧倒的な幸福感で涙があふれてきてしまい、しばらく泣いていました。

福田先生の「笑顔の羅針盤」と「真冬に生まれたシンデレラさん」の一言は私の内側をガラリと反転させ、今までと全く変わり明るい幸せの世界にしてくださいました。

私は今朝起きると一駅隣の町に住む両親に向かって心の中で「パパ、ずっと愛してくれてありがとう。私も愛しています。大好きです。」「ママ、ずっと愛してくれてありがとう。私も愛しています。大好きです。」とあいさつして一日を始めています。

なんとも言えな穏やかな優しい気持ちになれます。私はこんなに変われました。
「命の恩人」という言葉がありますが、先生は、私にとってそれと同じです。
心から感謝しております。
本当に、本当に、ありがとうございました!!

（EFさん）

心から愛と感謝をこめて
令和2年9月8日

＊　＊　＊

61年間人生が灰色だと思っていた主婦EFさんは、人生を180度変えて天命に出会い、今では即興物語を作って自己治癒を促す日本で数少ないノベルセラピストとしてご活躍です。さらにYouTubeやスタンドFMも開設し、いろいろな方の物語を朗読配信するなどイキイキと大活動されています。

人にはそれぞれの命の座があります。地球進化と共に歩む私達は新たな時代の創造主として誰もが幸せに生きられる時代がやってきたのです。

福田純子（Fukuda Junko）
新易学「運命好転学™」創始者。
エッセイスト。笑顔共和国大統領。
フリーアナウンサーとして司会、
番組キャスター等で15年間活躍後、
著書『笑顔があれば』（中経出版）のベストセラーを機に、1987年（有）福田純子オフィス設立。現（株）oneスマイル代表取締役。
エッセイストとして執筆を通し、
笑顔の意識改革を提唱。
同年、文化団体『笑顔共和国』を建国し、
大統領として「笑顔の種まき運動」を世界中に展開。
それらの活動は講演、セミナー、
コメンテーターを中心に多岐にわたる。
また、「たった一人の笑顔から 世界は一つの笑顔まで」をコンセプトに「運命好転学™」を開発し、運命好転のための覚醒講座を全国に展開。
2015年、長年にわたる笑顔活動に対して『東久邇宮文化褒賞』受賞。

著書に『ミロクの響き』（ヒカルランド）『笑顔の教科書』
『だからいつも、あなたのそばにいるよ』（あさ出版）
『ヤマトごころ、復活！』（新日本文芸協会）
『「大丈夫！」は幸せになる魔法の言葉』『笑顔で、生きる』『幸せな気持ちになる不思議な本』『笑顔は人生に効くクスリです』『人はつまずいた数だけ優しくなれる』『笑顔は地球語』『笑顔があれば』（KADOKAWA）
『コズミックスマイル』（たま出版）
『うっかりしあわせになる本』『笑顔の日めくり』『倖せの日めくり』『笑顔の種』『笑顔の取り扱い説明書』（スマイルプロデュース事務局）他多数。

福田純子 Official website　https://egao-kyowakoku.co.jp
株式会社 oneスマイル　https://fjo.egao-kyowakoku.co.jp

福田純子のうっかり幸せチャンネル♪
YouTube

内海昭徳（Utsumi Akinori）
株式会社ロンズデーライト代表取締役

neten 株式会社客員研究員
tenrai Inc. CLO（Chief Learning Officer）

筑波大学で国際関係学、京都大学大学院で政治哲学・社会経済学を専攻。
9.11テロを機に、人間の根本的な意識進化の必要性を感じ、大学院を中退。

世界の真相と人間の意識の本質の探求を深める中で、メタ認識次元の叡智を掴み、科学と悟りの知恵を融合した人間開発と社会変革に長年取り組む。

北米への事業の新規展開を担う過程で、2018年サンフランシスコで開催されたwisdom2.0に日本人初のエントリースピーカーとして登壇。

シリコンバレーを中心に、テクノロジーの進歩と並走できる宇宙の普遍的真理の社会実装ニーズの高まりを予見し、独立。

コンサルティングや組織研修、講演会、リトリート、ワークショップなど様々に取り組んでいる。


著書『経営者のための悟りリテラシー講座』『タナトスの寂滅』ほか

公式サイト：「株式会社ロンズデーライト」
https://www.lonsdaleite.co.jp/

著者プロフィール282p～283pをご参照

タオ・リズム

第一刷　2021年8月31日

著者　福田純子
内海昭徳

発行人　石井健資
発行所　株式会社ヒカルランド
〒162-0821 東京都新宿区津久戸町3-11 TH1ビル6F
電話　03-6265-0852　ファックス　03-6265-0853
http://www.hikaruland.co.jp　info@hikaruland.co.jp
振替　00180-8-496587
本文・カバー・製本　中央精版印刷株式会社
DTP　株式会社キャップス
編集担当　TakeCO

ISBN978-4-86742-018-8

神楽坂♥《ハート》散歩
ヒカルランドパーク

『運命好転学　コズミックリーディング個人鑑定』

福田純子先生の新易学「運命好転学」
２時間の個人鑑定です。
この個人鑑定で手にしていただけるのが、
生まれる前に設定してきた
「人生の羅針盤」と名付けられた
一生分のデータです。

「人は何年何月何日の誕生の際に一生のプログラムを立てて生まれます。
それを『**封印された自己申告書**』と名付けていますが、
自らの計画書を知らないまま生きている人が余りにも多い。
その封印を解き、どう読み解くかということをお伝えするのが
「運命好転学」です」

決めて生まれてくるのは、人生の縦糸の部分です。
縦糸とは、天地自然の理である**「天命」**、
そしてどのご両親、土地に生まれるかという**「宿命」**。
人は自らこの２つを決めて生まれてくるのです。
そこには**人生物語の起承転結**が書かれています。

この縦糸にそって横糸である「運命」を織り込んでいきます。
「運命＝命を運ぶ」こと。どのような生き方をするのか、その色や柄はお好きに決めていいのです。

そして2時間の個人セッションの時間で
お申し込みされた方のお悩みや質問、移転、転職、結婚、離婚など
人生のターニングポイントとなるイベントについて、
「人生の羅針盤」を見ながら、生き方を好転させる「好転術」が伝授されていきます。

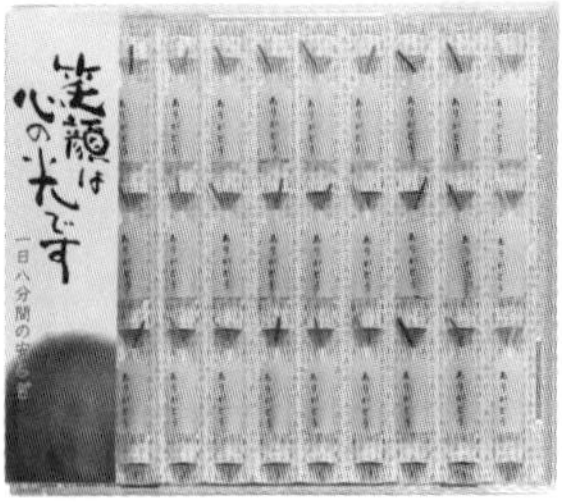

日々の瞑想に「火」を灯し８分間の安らぎを「８」が持つ無限大エネルギーでワンネスの世界と繋がる

ありがとうろうそく

■ 1,000円（税込）

●ミニろうそく30本入り　●１本あたりの燃焼時間：約８分間

瞑想用としても活用できる、小さな「ありがとうろうそく」は、火を点けてから８分間炎が灯ります。環境に荒波が押し寄せる大変容の時代だからこそ、静かに内側に意識を向ける瞑想の時間は、ざわついてしまう心から内なる平和へ向けるための大きなサポートとなります。半眼で炎を見つめながら瞑想すると、確実に５次元の愛と繋がりやすくなるでしょう。

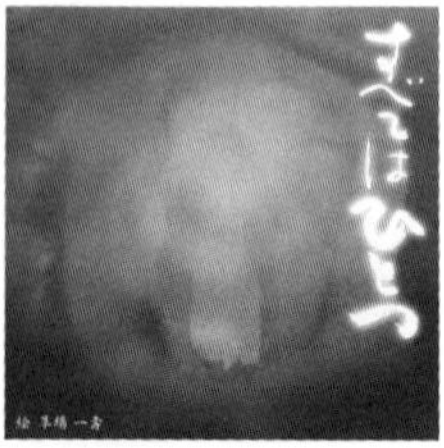

草場一壽さんが描いたカード付！

ろうそくの芯は８色になっています。８には自ら発（８）光し「すべてはひとつ」である無限大（∞）の世界とジョイントしていただきたい、との願いが込められています。そんな８の言霊と火の浄化力で場をクリアリングし、瞑想環境を最適化します。８分間の瞑想タイムを毎日の日課として始めませんか？

●●● 福田純子先生より ●●●

「いい水を自宅に」と考える人は多いですが、「自宅から平和の想いを水に乗せて送り出そう」という視点が弥勒意識の生き方でもあります。登山から下山へ。登ったままでは遭難ですから……。これからは降りていく生き方の時代です。「下流に立つ」を志し、大海原に向かって、私たちから愛を送りましょう！
そして毎日の日課、８分間の安らぎの時間を「ありがとうろうそく」とともに。自分軸を立てて、志を燃やしてください。

ヒカルランドパーク取扱い商品に関するお問い合わせ等は
メール：info@hikarulandpark.jp　URL：http://www.hikaruland.co.jp/
03-5225-2671（平日10-17時）

＊ご案内の価格、その他情報は発行日時点のものとなります。

運命好転学創始者・福田純子プロデュース
火と水に祈りの波動を乗せるミロクの火水《カミ》仕組みセット

◎弥勒の世へと意識を変え、未来へ繋げていくために

「地球が無条件の愛の惑星になるための産みの苦しみの時。みなさん、笑顔であなたの魂の砦をつくり、未来へ繋いでいきましょう」というメッセージとともに、宇宙に通じる笑顔の力を伝えているのが運命好転学創始者・福田純子先生です。そんな福田先生が、弥勒の世への意識を未来に繋げるバイブレーションとなる2つのグッズをプロデュースしました。それが、水と火に感謝と祈りを込めて宇宙へと響かせていく「ミロクの水響き」と「ありがとうろうそく」です。

人類の意識が弥勒の世へと大きくシフトしていくこれからは、「自分に何を取り入れるか」という視点だけではなく、「自分から出ていくもの」にも意識を向けることが大切です。すべては一つ＝ワンネスの世界を生きる弥勒意識は、あなたからスタートします。言葉、笑顔、想い……あなたは水や火にどんな祈りや願いを託し、宇宙に響かせていきますか？

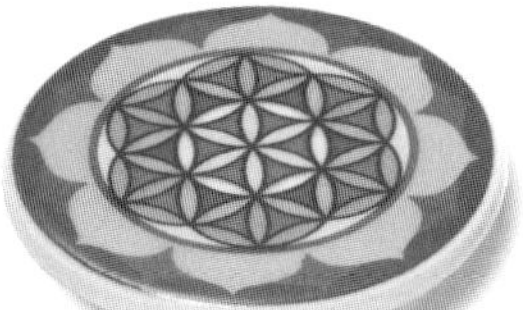

暮らしの中の「水」に感謝を伝えることで
住まいのお守りになる排水口のパワーオブジェ

ミロクの水響き

■各2,750円（税込）

■赤青セット　5,000円（税込）

●種類：赤、青　●サイズ：直径75㎜×高さ13㎜　●設置例：洗面所やキッチンの排水口、トイレのタンク

「各家庭から平和への想いを水（排水）に乗せて送り出そう」をコンセプトに有田焼の陶器でつくられた排水口のパワーオブジェ。表面にデザインされた神聖幾何学図形フラワー・オブ・ライフは、ミロクアーティストの萩原貞行さんによって描かれたもの。この神聖な図形を水が通過することで波動が整えられ、周辺の気を高め、さらに運気の流れも好転させていきます。